좋아하는 걸로 돈 버는
덕업일치 가이드북

재크문 (중재형)

생각은 많지만 시작이 두려운 당신에게

성공한 호텔 덕후가 알려주는 덕질을 업으로 바꾸는 법!

Content Creator

Brand Designer

GUIDE BOOK

탈잉

지은이의 말

　20대 초반부터 나의 버킷리스트 중 하나는 내 이름 석 자가 박힌 책 한 권 내보는 것이었다. 그리고 드디어 인생 첫 번째 책을 내게 되었다. 첫 번째 책인 만큼 아쉬움도 많이 남는다. 좋아하는 걸 하며 살고 싶어 하는 분들에게 조금이라도 도움이 되고 싶었다. 그 욕심 때문에 글을 몇 번이고 썼다 지웠다를 반복하며 온 에너지를 집중했다. 심지어 원고 마감을 앞두고 목차를 처음부터 다 갈아엎고 다시 쓰기도 했을 정도로 우여곡절이 많았다.

　한 권의 책이 탄생하기 위해 수많은 사람들의 도움이 필요하단 사실도 이번에 처음 깨닫게 되었다. 그래서 이 자리를 빌어 진심으로 감사의 인사를 올리고 싶다.

아직 부족한 점도 많고 개선해야 할 점도 많지만, 꾸준하게 나의 콘텐츠를 좋게 봐주시고 믿고 응원해주는 우리 호캉스러버들에게 감사하다. 그리고 지금의 내가 견디며 앞으로 나아갈 수 있게 동력을 불어넣어준 KOO에게도 감사의 인사를 올린다. 더불어 내 주변에서 묵묵하게 자리를 지켜주는 사람들과 출판 관계자분들에게도 고맙다는 말을 꼭 전하고 싶다. 만나서 전하는 게 가장 좋지만 괜히 수줍어 이렇게 글로 남긴다. 그리고 끝으로 이 책을 집어 든 독자분들께 감사의 인사를 전한다. 우리 같이 앞으로 더욱 성장해 나갔으면 한다.

체크인(정재형)

목차

지은이의 말 … 4
체크인 나도 내가 좋아하는 거 하면서 살고 싶다! … 10

CHAPTER 1
로비 나도 좋아하는 거 하며 살 수 있을까?

덕업일치 이전의 삶은 어땠을까 … 21
나는 왜 회사를 그만뒀을까 … 24
과연 퇴사만이 정답일까 … 29
딱히 잘하는 게 없는데 뭘 해야 할까 … 34
내가 좋아하는 게 지극히 평범하다면 … 39
나는 왜 호텔 덕질을 시작했을까 … 45
이미 늦은 것 같은데 시작해도 될까 … 49
덕업일치는 어떻게 시작할까 … 53
'3시간'으로 덕업일치를 이룰 수 있다면 … 58

호텔 덕후의 덕질 이야기 덕업일치의 롤모델을 만나다 … 62

CHAPTER 2

객실 좋아하는 것으로 어떻게 돈을 벌까?

'덕'과 '업'은 대체 뭘까	73
덕업일치를 성공한 사람들의 공통점은 뭘까	77
덕업일치를 실패한 사람들의 공통점은 뭘까	84
열정이 작심삼일로 끝나지 않으려면	90
시간과 돈은 얼마나 투자해야 할까	98
일을 재미로만 할 수 있을까	103
처음부터 잘할 수는 없을까	107
돈 없이 시작할 수 있는 방법은 뭘까	111
SNS를 어떻게 활용할지 고민된다면	121
호텔 덕후의 덕질 이야기 내 룰은 내가 정한다	126

CHAPTER 3

디테일 일이 생각처럼 안 풀릴 땐 어떻게 할까?

열심히만 한다고 다 될까	**135**
어떻게 하면 읽히는 글을 쓸 수 있을까	**140**
온라인 글쓰기에도 노하우가 있을까	**150**
하늘이 무너져도 솟아날 구멍이 있을까	**161**
거절을 기회로 바꾸는 방법은 뭘까	**165**
좋아하는 것이 실증 날 땐 어떻게 해야 할까	**173**
나도 나를 믿을 수 없다면	**178**
인생을 바꿀 '한 방'은 어떻게 만들까	**184**
호텔 덕후의 덕질 이야기 호텔이 지겨워졌다	**190**

CHAPTER 4

부대시설 좋아하는 걸로 성공하려면 어떻게 해야 할까?

시장조사는 과연 필요할까	201
내 삶은 왜 계속 그대로일까	208
내가 믿을 수 있는 단 한 사람은 누구일까	214
성공을 앞당기는 방법은 없을까	222
나도 조력자를 만날 수 있을까	228
내가 앞으로 가야 할 길은 어디일까	233
호텔 덕후의 덕질 이야기 지금의 반얀트리가 존재하기까지	242
체크아웃 난 오늘도 호텔에 체크인한다	250

나도 내가 좋아하는 거
하면서 살고 싶다!

'이번엔 어느 호텔을 가볼까.'

우린 호텔에 가기 앞서 나와 맞는 호텔을 찾아 나선다. 수영장이 괜찮은 호텔은 어디 있는지, 분위기가 좋은 레스토랑이 있는 곳은 어디인지, 객실 컨디션이 좋기로 소문난 곳은 어디 있는지 등등. 나와 호텔 사이에 호흡을 맞추는 과정이다. 이때가 가장 설레기도 한다. 아직 호텔에 가진 않았지만, 이미 내 영혼은 호텔에 가 있다. 상상만 해도 입가에 미소가 그려진다.

지금 이 글을 읽고 있는 여러분들은 어떤 기대를 안고 이 책을 펼쳤는지 궁금하다. 혹시 이런 생각을 하고 있지 않은가.

열심히는 산 것 같은데 하릴없이 나이만 차고, 정신을 차려보니 남은 건 카드값뿐이다. 언제까지 남의 일을 해야 할지 모르겠다. 잘하는 것도 딱히 없는 내가 과연 무슨 일을 하며 살 수 있을지 막막하다. 오늘도 직장 동료와 "하, 나도 내가 좋아하는 거 하면서 살고 싶다."라는 이야기를 나누지만, 그저 꿈같은 소리 같아 가슴이 답답하다.

이런 고민을 하면서도 '그래도 어딘가엔 해답이 있지 않을까?'라는 기대를 안고 이 책을 펼쳤으리라 생각한다. 그렇다면 알맞게 찾아왔다. 지금부터 여러분도 '좋아하는 것을 하며 사는 삶'으로 체크인할 수 있도록 모시고자 한다.

나는 오늘도 호텔에 체크인한다

지난 1년 동안 80곳이 넘는 호텔을 다녔다. 지금도 호텔에서 이 글을 쓰고 있다. 마지막 직장에서 3년 동안 열심히 일하고 받은 퇴직금은 이미 호텔에 다 써버렸다. 이렇게 호텔에 미친 사람처럼 호텔을 돌아다니는 이유는 간단하다. '호텔을 세우기 위해서'다. 나는 호텔 관계자도 아니고, 호텔 관련 전공자도 아니다. 물론 금수저도 아니다. 돈, 건물, 땅 모두 없다. 하지만 호텔을 세울 수 있다고 믿으며, 호텔을 세우기 위한 준비를 계속하고 있다.

그저 호텔을 좋아했을 뿐이고, 호텔 하나만 집요하게 팠을 뿐이다. 그런데 내 인생에서 한 번 있을까 말까 한 일들이 벌어지고 있다. 호텔만 돌아다녔을 뿐인데 지금 이렇게 책을 쓰고 있고, 온라인 강의를 진행하고, 호텔과 협업해 다양한 프로모션을 기획한다. 게다가 가보고 싶었던 유명 호텔의 초대를 받기도 한다. 그뿐만 아니라 콘텐츠 구독 플랫폼인 '퍼블리'에 호텔 관련 글을 연재하며 구독자들의 뜨거운 반응을 얻고 있다. 예전의 나라면 만나 볼 수는 있을까 싶은 사람들과 교류하며 또 다른 성장을 준비하고 있다.

이 모든 건 덕업일치 삶을 시작한 지 1년이 채 걸리지 않아서 나에게 벌어진 다양한 일들이다. 이쯤 되니 호텔을 세운다는 말이 마냥 불가능해 보이진 않는다. 앞으로 1년, 2년 지금보다 몇 배는 빠르게 성장한다면 조만간 당신을 나의 호텔로 초대할 수 있으리라 생각한다.

1년 전의 나는 "내일 아침이 오지 않았으면 좋겠다."라는 말을 달고 살았다. 하지만 지금은 180도 다르다. 내일이 기대되고, 앞으로의 내가 기대된다. 이 모든 것은 내가 '좋아하는 걸 하며' 살고 있기 때문에 가능한 이야기다. 그리고 이건 내가 특별히 뛰어난 재능이 있거나 돈이 많아서 이뤄낸 결과가 아니다.

나는 아무것도 가진 것 없이 시작했고, 나를 한번에 점프 업 할 수 있게 도와줄 인맥도 없었다. 출근길에 강남역에서 흔히 볼 법한 평범한 사람에 불과했다. 카드값과 숙취에 절어 살았다. 출근과 동시에 퇴근을 바라고, 퇴근하면 술 마실 생각만 했다. 그렇게 밤낮 가리지 않고 일하면 연봉은 고작 2% 올랐다. 이렇게 내 여생을 남의 일만 하며, 돈에 쫓기며, 하기 싫은 일을 해가며 살 수 있을까? 나는 그럴 자신이 없었다.

당신도 좋아하는 걸 하며 살 수 있다

좋아하는 걸 하며 산 지 1년째. 일을 하며 자주 만난 20~30대들은 신기할 정도로 비슷한 고민을 하고 있었다.

"일이 재미가 없다. 이 일을 얼마나 오랫동안 할 수 있을지 모르겠다."
"나도 좋아하는 거 하며 살고 싶은데 어떻게 해야 할지 몰라 너무 막막하다."
"내가 좋아하는 게 뭐였는지도 모르겠다."

이런 걱정과 고민을 하는 것도 이해가 된다. 평생 직장은 없고, 정년은 점점 앞당겨지고 있다. 하지만 우리는 살아온 날보다 살아갈 날들이 더 많다. 그렇기 때문에 '앞으로 뭐 해먹고 살아야 하나.'라는 불안을 떨칠 수가 없는 것이다.

이렇게 생각하면 가만히 숨만 쉬어도 월급이 나오는 회사에 딱 붙어 있는 게 안전한 선택인 듯하지만 사실 회사에 가도 막막한 건 마찬가지다. 언제까지 남이 주는 일만 하며 살 것인지 생각하면 가슴이 답답해진다. 회사 생활이 지겨워질 때쯤 '몸값 높여서 이직할 수 있는 곳 어디 없나?' 하며 이직 시장에 눈을 돌려본다.

그런데 뭔가 이상하다. 당신은 지금까지 단 한 번도 열심히 살지 않은 적이 없다. 좋은 대학을 가기 위해 열심히 공부했고, 좋은 직장을 위해서도 열심히 달려왔다. 회사에선 또 다시 청춘을 쏟아부어 열심히 일했다. 그런데 여기서 잠시 멈춰보자.

'지금 이 삶이 당신이 꿈꿔왔던 삶이 맞는가?'

나는 이 질문에 답을 할 수 없었다. 1년 전 나는 지극히 평범한 29살 직장인이었다. 뒤를 돌아보니 20대는 끝나 있었다. 분명 20대 초반 때만 해도 30대 선배들을 보면 그렇게 멋있어 보였는데, 곧 내가 서른이다. 서른이 되면 대단한 일을 하거나, 성숙한 어른이 되어 있을 줄 알았다. 열심히 살았다고 생각했으나 내 삶은 크게 달라지지 않았다.

이때까지만 해도 한 가지 일을 진득하게 해본 적이 없었다. 무엇 하나에 미친듯이 몰입해본 적도 없었다. 매번 '적당히' 하다 그만두기 일쑤였다. 그래서였을까? 나를 대변할 수 있는 단어는 '직장인'이 전부였다. 나를 표현할 수 있는 말이 '직장인'이 전부란 사실에 가슴이 먹먹해졌다.

달라지고 싶었다. 이렇게 흘러가는 대로 살고 싶지 않았다. 한번 태어나 사는 인생, 적어도 내일이 기다려지는 설레는 삶을 살고 싶어졌다. 그리고 내가 좋아하는 일을 하며 행복하게 살고 싶었다. 그렇게 아무 계획 없이 회사를 뛰쳐나왔다. 그리고 1년간 맨땅에 헤딩하며 결국 방법을 찾았다. 나처럼 평범한 사람들도 좋아하는 걸 하며 살 수 있는 방법이 있었다. 이 방법을 알고 난 뒤, 1년도 되지 않아 삶이 180도 달라졌다.

그래서 나는 확신한다. 그 '방법'만 안다면 당신도 충분히 좋아하는 걸 하며 살 수 있다는 것을. 지난 1년 동안 맨땅에 헤딩해가며 깨달은 것들을 여러분에게 공유하고 싶어 이 책을 쓰게 되었다. 내가 좋아하는 것을 하며 살겠다고 했을 때, 앞으로 어떻게 하면 좋을지나 어떤 과정을 거치면 좋을지 말해주는 사람이 없었다. 그도 그럴 것이 주변 사람들 또한 방법을 몰랐기 때문이다. 혼자서 부딪치고 깨지면서 앞으로 나아가는 방법밖에 없었다. 그 과정이 마냥 즐겁지만은 않았고 가끔은 포기하고 싶다는 생각도 들었다. 그때의 심정을 잘 알기에, 몇 걸음 먼저 걸어본 사람으로서 이 방법을 나누고 싶은 마음이 더 간절했다.

이 책의 목표는 딱 하나다. 여러분도 덕업일치의 삶을 살 수 있도록 돕는 것. 여러분들은 이제 좋아하는 걸 하며 살게 될 것이다. 이 책을 펼친 당신만큼은 고난과 역경의 과정을 거치지 않고, 하루라도 더 젊을 때 좋아하는 걸로 돈을 벌고 남들이 부러워하는 삶을 살았으면 한다. 시간은 야속하게도 우릴 기다려주지 않는다. 고민은 시간만 늦출 뿐이다. 좋아하는 일을 하며 사는 삶은 내일부터가 아니라 바로 지금부터다.

한 번 사는 인생, 내가 좋아하는 걸 하며 살고 싶지 않은가? 그렇다고 한다면, 이제 나와 함께 덕업일치의 삶에 뛰어들어보자. 이 책이 당신의 성공적인 덕업일치 라이프의 길잡이가 되길 바란다.

"내일 아침이 오지 않았으면 좋겠다."
1년 전의 나는 이 말을 달고 살았다.
하지만 지금은 180도 다르다.
내일이 기대되고, 앞으로의 내가 기대된다.
이 모든 것은 내가 '좋아하는 걸 하며'
살고 있기 때문에 가능한 이야기다.

시간은 야속하게도 우릴 기다려주지 않는다.
고민은 시간만 늦출 뿐이다.
좋아하는 일을 하며 사는 삶은
내일부터가 아니라 바로 지금부터다.
한 번 사는 인생,
내가 좋아하는 걸 하며 살고 싶지 않은가?

CHAPTER _ 1

나도 좋아하는 거 하며 살 수 있을까?

로비

호텔이란 공간에 첫발을 내딛고 들어와 '나'와 '호텔'이 서로를 처음 마주하는 곳은 바로 '로비'다. 처음이라 낯설기 때문일까? 로비는 설렘과 두려움이 묘하게 공존하는 곳이다. 하지만 로비에 들어왔다는 것은 어쩌면 일상에서 잠시 벗어나 비일상을 시작하겠다는 무언의 신호이기도 하다.

로비에 들어서며 새로운 하루를 기대할 수 있는 것처럼, 이번 챕터는 여러분이 앞으로 나아가야 할 방향을 잡아줄 것이다. 좋아하는 일을 하며 살 생각을 하면 두근거리지만, 막상 새로운 삶을 시작하려니 괜히 두려운 마음도 든다. 덕업일치 라이프를 어떻게 시작하면 좋을지 막막한 분들에게 이 챕터가 '덕업일치의 삶'으로 입장하는 로비 같은 역할이 될 것이다.

덕업일치 이전의 삶은 어땠을까

지금이야 좋아하는 일을 하며 덕업일치의 삶을 살고 있지만, 불과 1년 전만 해도 상황은 정반대였다.

아침 7시쯤이 되면 듣기 싫은 알람 소리가 울려댄다. 하지만 한 번에 일어나지 않을 것을 알기 때문에 3분 단위로 알람을 맞춰 놓았다. 정말 대단한 건 그 알람을 하나도 듣지 못한다는 것이다. 오히려 가족들이 먼저 알람을 듣고 나를 깨우곤 했다. 그렇게 비몽사몽한 상태로 일어나자마자 이런 생각을 한다.

'아 그냥 회사 그만둘까?'

핸드폰을 확인한다. 새벽에도 시끄러운 사내 메신저, 시시콜콜한 대화를 주고받는 수많은 카톡 방, 그리고 이번 달 카드값이 얼마인지 알려주는 문자들. 잠깐, 정신이 번쩍 든다. 당장 회사로 달려가야 하는 이유가 생겼다.

부랴부랴 샤워를 하고 옷장 문을 연다. 입을 옷이 하나도 없다. 출근길에 지하철에서 옷 쇼핑이나 좀 해야겠다는 생각을 하며 아무거나 대충 걸치고 지하철로 향한다. 이놈의 지하철은 왜 운행 횟수를 늘리지 않는 건지 당최 이해를 할 수 없다. 매번 사람들이 이렇게나 몰리는데 말이다. 그래도 역에 도착하자마자 지하철이 들어오면 잠깐이나마 기분이 좋아진다.

사람들이 콩나물처럼 다닥다닥 붙어서 출근길에 오른다. 앞 사람은 전날 회식을 했는지 술 냄새를 펄펄 풍겨온다. 아침부터 기분이 짜릿해진다. 어제 잠을 늦게 자서 그런지 너무 피곤하다. 지하철 생활을 반복하다 보니 서서 자는 나름의 노하우도 터득한 지 오래다. 지하철에서 내려 사무실로 향하는 길에는 항상 가는 카페가 하나 있다. 거기서 파는 1,800원짜리 아메리카노는 아령을 들고 있는 건지 커피를 들고 있는 건지 헷갈릴 정도로 큰 컵에 준다. 맛은 중요하지 않다. 직장인이 커피를 맛으로 먹나? 잠 깨려고 먹지. 그렇게 커피 수혈을 하며 드디어 사무실에 도착한다.

집에 가고 싶다. 업무 시작과 동시에 퇴근하고 싶어진다. 벌써부터 피곤이 몰려오는데, 꼭 이런 날엔 회의가 몰려 있다. 안 그래도 처리해야 할 일들이 많은데 회의까지 많은 날엔 야근 확정이다.

한 손엔 노트북, 한 손엔 아령 같은 커피를 들고 회의실로 향한다. 회의를 하면서 "오늘 점심 뭐 먹지?"라고 친한 동료에게 메신저를 날린다. 역시 그도 같은 고민 중이었다. 점심 메뉴를 고르는 일, 사실은 이게 진짜 회의가 아닐까?

결론이 나지 않는 긴 회의를 마치고 나니 밥 먹을 시간이다. 뭐 한 것도 없는데 밥을 먹어야 한다니. 즐겁다. 점심을 먹고 나니 오후 업무 시작. 일에 집중하려고 하면 옆에서 말 걸고, 또 집중하려고 하면 전화가 오고, 이제 진짜 집중해보려고 하니 커피 마시러 가잔다. 그래 오늘은 일하긴 글렀는데 야근하지 뭐.

아무도 없는 사무실에 혼자 남으니 4시간 걸릴 업무를 2시간 만에 끝낼 수 있었다. 진작 집중할걸. 그렇게 집으로 돌아간다. 집에 왔으니 자기계발이나 좀 해볼까 하고 책장에 꽂혀 있던 책을 꺼내 든다. 그리고 그 위에 라면 냄비를 올리고 유튜브를 켠다. '내가 행복하면 그만이지!'라는 생각에 색다른 자기계발을 하고 있었다. 어쩌면 자기 위로에 가까운 것도 같다. 잠깐 보겠다던 유튜브는 수많은 알고리즘을 타고 또 타고 들어간다. 그러다 보니 벌써 새벽 1시. '내일은 정말 열심히 일도 하고 자기계발도 해야지.' 생각하며 잠이 든다.

그리고 다음 날 여전히 내 행동은 달라지지 않았고, 내 삶도 특별히 달라지지 않았다.

나는 왜 회사를 그만뒀을까

"왜 그만두는 거야?"
"회사 그만두면 뭐 하려고?"

 회사를 그만둘 때마다 항상 들었던 질문이다. 녹음기에 답변을 녹음해두고 누군가 물어볼 때마다 틀어줄까도 싶었다. 사실 회사를 그만둔 것은 이번이 처음이 아니었다.
 때는 대학교 4학년. 학사 경고를 받은 이력이 말해주듯이 학점 관리를 전혀 하지 않았다. 학교에 가면 학과 수업보다 다른 과 친구들이랑 노는 것이 더 즐거웠다. 지금 돌이켜보면 졸업을 어떻게 했는지 아직도 미스터리다. 하지만 정말 운이 좋게도 대기업 종합광고대행사에 붙어 인턴 생활을 했다. 인턴 기간 동안 두 차례의 과제를 해야 하고, 팀 내에서 좋은 평가를 받으면 정직원으로 전환되는 시스템이었다. 그때까지만 해도 드디어 내 인생이 풀리는 것인가 싶었다.

하지만 출근 시간은 정해져 있어도 퇴근 시간은 정해져 있지 않은 게 광고 회사의 현실이었다. 주중과 주말의 경계는 흐려진 지 오래다. 가끔 밤 12시에 회의가 잡혀 있기도 하고 회사에서 밤을 새는 일도 있었다. 아메리카노보단 에스프레소 쓰리 샷에 더 익숙해졌다. 다들 그렇게 사니까 그게 맞는 줄 알았다. 그래도 광고라는 크리에이티브한 일을 한다는 생각에 그저 신이 날 뿐이었다. 힘든 만큼 배우는 것도 많았기 때문에 '내 기필코 이 회사에 뼈를 묻으리라.' 생각했다.

그런데 시간이 지날수록 알 수 없는 찝찝한 마음이 생겼다. 회사는 항상 정신없이 바쁘게 돌아가지만 나는 지금 뭘 하고 있는지 정확히 모르겠다는 생각이 자주 들었다. 팀 안에서 수백 개의 아이디어를 짜고 정리해도 결국 버리는 카드라고 생각했던 아이디어가 채택되는 것을 보면 그렇게 허무할 수 없었다. 이게 대체 뭘까. 돈 주는 사람의 입맛에만 맞추는 광고가 과연 맞는 것일까. 소비자를 위한 광고인지 클라이언트를 위한 광고인지 답을 내릴 수 없었.

게다가 그때 당시 유튜브와 아프리카TV 같은 1인 미디어가 스멀스멀 떠오르고 있었다. 심지어 그들은 본인이 하고 싶은 것을 하면서 돈까지 벌고 있었다. 그래서 생각했다. 내가 지금 여기에서 얼마나 오래 버틸 수 있을까. 여기서 내가 원하는 일을 할 수 있을까. 그럴 수 없어 보였다.

인턴 생활이 끝나갈 때쯤 팀장님과 술 한잔 기울이고 있었다.

"계속 같이 일하고 싶은데 넌 어떠니?"
"죄송합니다. 여긴 제가 있을 곳이 아닌 것 같습니다."
"그래, 그럴 것 같았다. 생각 바뀌면 얘기하고."

그렇게 인턴 동기들과 팀 선배님들께 작별 인사를 했다. 시키는 일만 하는 것이 아니라 나도 내가 하고 싶은 일을 하고 싶었다. 내가 일한 만큼 회사가 성장하는 손맛을 느껴보고 싶어 판교에 있는 스타트업으로 회사를 옮겼다.

여기야말로 내가 원하던 그곳인가 싶었다. 소수의 인원이 사활을 걸고 일했고 회사가 조금씩 앞으로 나가는 게 느껴졌다. 야근을 싫어하던 내가 자발적으로 야근을 하기 시작했다. 그러다 회사가 투자라도 받으면 내 돈도 아닌데 그렇게 기쁠 수가 없었다. '배달의민족'과 '마켓컬리'처럼 우리도 로켓에 탑승할 것이란 믿음 덕분에 일하는 것이 즐거웠다. 중요한 일을 내가 결정해 진행할 수 있는 기회도 많았다. 분위기는 당연히 자유로웠다. 직급은 없었다. 그저 각자 할 일이 있을 뿐. 꿈의 직장이었다.

소수의 인원으로 많은 일을 처리해야 하다 보니 기획을 했다가, 촬영을 했다가, 디자인을 했다가, 브랜딩과 마케팅을 했다가 이

일 저 일 다 건드리게 되었다. 가끔은 '나도 잘 모르는데 이 일을 해도 되나?' 하는 생각도 들었다. 그렇게 약 3년이란 시간이 흘렀고 팀을 이끌게 되었다. 그러다 어느 날, 나와 비슷한 일을 하는 잘나가는 사람들이 눈에 들어오기 시작했다. 누군가는 메이저 방송에 출연해 유명해지고 나니 스타급 실무자들이랑 어깨를 나란히 하기도 했다. 부러웠다. 나도 저렇게 되고 싶었다. 하지만 나는 한 분야를 깊게 알지도 못했고, 두루두루 다룬다곤 하지만 이게 제대로 하고 있는 건지도 모르는 상태였다. 심지어 조언을 구할 사수도 없었다. 고민이 깊어졌다. 과연 내가 이곳에 더 있는 게 맞을까. 내가 하고 싶은 일을 한다고 생각했지만 '잘하고 있는지'에 대해서는 혼란스러웠다. 갑자기 나의 미래가 안 보이는 것 같았다.

생각해보니 나는 초, 중, 고를 거쳐 대학교 그리고 사회에 나와서까지 그동안 어딘가에 소속되어 평생을 살아왔다. 그렇게 사는 것이 평범한 삶이고, 소속된 곳에서 열심히 일하고 승진하는 것이 부를 쌓는 길이자 내가 일을 하는 이유라 생각했다. 그런데 뭔가 조금 이상하다. 지금이야 젊으니 매일같이 9시 출근 6시 퇴근(가끔 야근까지)을 한다고 치지만 이걸 평생 해야 한다니…. 아침마다 퇴사를 떠올리지만 갚아야 할 카드값 생각으로 몸을 겨우 일으키는 이 생활을 계속 반복해야 한다니….

승진이 부를 쌓는 길이라 생각했지만 연봉이 오르면 나의 소비력도 덩달아 높아졌고 갚아야 할 카드값은 늘어났다. 부를 쌓기는커녕 적자가 아닌 것에 감사했다. 철이 안 든 나는 왠지 나이를 더 먹어도 비슷할 것이란 생각이 들었다. 더군다나 나중에 결혼을 하고 가정을 꾸리게 되고 언젠가는 퇴직을 해야 할 텐데. 그러면 그때, 어딘가에 소속되어 있지 않은 나는 무엇을 할 수 있을까? 명확한 답을 할 수 없었다. 머리가 아팠다.

서른이 되면 뭐라도 되어 있을 거라 생각했다. 이제 내가 곧 그 나이다. 하지만 이뤄놓은 것 하나 없고, 모아놓은 돈은 당연히 없다. 나는 그동안 뭐 하고 산 걸까. 나의 20대는 어디로 사라져버린 걸까? 아무래도 20대의 마지막을 이렇게 보낼 수는 없었다. 뭘 해야 할진 모르겠지만 뭐라도 해야 한다는 생각이 강하게 들었다. 살면서 단 한 번도 '도전'이란 것을 해본 적이 없었다. 이렇게 살아선 도저히 답이 없을 것 같았다.

그래서 또 다시 퇴사를 선택했다. 퇴사 이후에 뭘 해야 할지 정해진 계획은 없었다. 그냥 일단 퇴사했다.

과연 퇴사만이 정답일까

"좋아하는 것을 하며 살기 위해선 꼭 퇴사를 해야 하나요?"

그렇지 않다. 퇴사가 정답은 아니다. 나 역시 무작정 퇴사를 했지만, 퇴직금으로 대략 얼마 정도 버틸 수 있겠단 계산 정도는 했다. 하지만 이런 것도 하나 없이 덜컥 퇴사를 하는 것은 리스크가 너무 크다. 그마저 회사를 다니면서 부지런히 돈을 모아왔다면 모를까. 나는 쇼핑하고 술 마시며 노느라 그럴 여윳돈이 없었다. 그럼에도 대책 없는 퇴사가 가능했던 이유는 내가 지금 당장 책임져야 할 가족이 없었기 때문이다. 나에게 만약 부양해야 할 가족이 있었더라면 난 절대 퇴사를 하지 않았을 것이다. 그리고 수중에 정말

한 푼도 없어서 길거리에 나앉아야 하는 상황이었다면 난 절대 퇴사를 하지 않았을 것이다. 이처럼 각자의 재무 상황과 처한 상황이 모두 다르기 때문에 "하고 싶은 거 하려면 일단 퇴사하십시오, 여러분!"이라고 감히 말할 수 없다.

퇴사하지 않고도 좋아하는 일하기

회사를 다니면서도 좋아하는 일을 할 수 있다. 우리가 침대에 누워서 열심히 보는 넷플릭스의 CCO(최고 콘텐츠 총괄자) 테드 서랜도스가 아주 좋은 사례다. 그는 10대 때 애리조나에서 두 번째로 문을 연 비디오 가게에서 아르바이트를 했다. 비디오 대여점 특성상 문 닫기 전 2시간만 바빴고 나머지 시간은 한가했다. 그래서 그 시간에 가게에 있는 영화들을 하나씩 보기 시작한 것이다. 그렇게 900여 편의 영화를 다 보고 나니 자연스럽게 손님들에게 좋은 영화를 추천해줄 수 있었다. 심지어 일부 단골 손님들은 테드 서랜도스의 추천만 받았다는 일화도 전해진다.

그렇게 그는 DVD 배급과 관련된 일을 하게 되었고, 우연히 넷플릭스의 CEO인 리드 헤이스팅스의 눈에 띄어 지금의 넷플릭스 콘텐츠 총괄자가 되었다. 이야말로 덕업일치의 끝판왕이지 않을까? 회사를 다니면서도 좋아하는 일을 할 수 있다는 말이 어떤 뜻인지 이해될 것이다. 내 경우를 예로 들자면 호텔을 좋아하니까 호텔로 이직하는 것도 방법이다. 혹은 호텔 예약을 중개하는 회사로 이직할 수도 있다. 이것도 좋아하는 일을 하며 돈을 버는 이상적인 방법 중 하나다.

　이 경우 가장 큰 장점은 한 달에 한 번씩 고정적으로 월급이 나온다는 것이다. 회사에서 받은 월급으로 내가 좋아하는 것에 다시 투자할 수 있다. 이것은 엄청난 장점이다. 우리가 좋아하는 것으로 돈을 벌기 위해선 단순히 좋아하는 것에 그쳐선 안 되고 '잘하는' 수준에 이르러야 한다. 무엇이든 잘하기 위해선 이런저런 투자를 해야 하기 마련인데, 그 투자금이 매달 나온다고 생각해보자. 벌써 신나지 않는가? 이를 잘 활용하면 퇴근 후에도 내가 좋아하는 것을 하면서 살 수 있다. 간혹 정말 마음을 독하게 먹어서 퇴근 후에 자기가 좋아하는 것을 하며 살다가 성공해서 퇴사를 하는 사례들도 종종 있다.

　그러나 단점도 있다. 머리가 가장 활발하게 돌아가는 시간에 나의 에너지를 회사에 써야 한다는 점이다. 그러니 퇴근을 하고 나면 아무것도 할 수 없을 정도로 피곤하고 지칠 수밖에 없다. 또한 회사는 변수가 너무 많다. 뜻하지 않게 야근을 해야 할 때도 있고, 갑자기 회식자리가 생길 수도 있다. 일상이 마냥 규칙적일 수가 없다. 그런 상황에서 짬을 내 좋아하는 일을 하기란 말처럼 쉽지 않다. 퇴근 후 집으로 돌아가 뭔가를 하겠다고 노트북을 여는 순간, 잠깐 쉬려다 자기 전까지 유튜브를 보며 웃고 있는 자신을 발견할 것이다. 그리고 고개를 돌리면 포근해 보이는 침대가 나를 유혹한다.

퇴사하고 좋아하는 일하기

그렇다면 퇴사를 하고 좋아하는 일을 하는 삶은 어떨까? 일단 초반엔 고정적으로 들어오는 돈은 없다. 하지만 회사라는 곳에 노동력과 시간을 팔지 않아도 되기 때문에 하루 24시간이 온전히 나의 것이다. 이 말인즉슨 24시간을 내가 좋아하는 일에 쏟을 수 있다는 뜻이다. 정리하면 월급을 포기하고 시간을 얻은 것이다. 이건 상당히 중요한 포인트다. 왜냐하면 돈이야 언제든지 다시 벌 수 있지만 시간은 돈으로 살 수 있는 것도 아니며 한번 지나가면 영원히 끝이다. 그렇기 때문에 시간으로부터 자유로워진 삶은 대단한 것이다. 이제 남은 건 이 시간을 어떻게 활용하느냐에 달렸다.

나는 호텔을 좋아했다. 남들이 사무실로 출근하는 시간에 나는 호텔로 갔다. 그렇게 호텔을 돌아다니면서 이 호텔은 왜 이런 디자인일까, 이 호텔 브랜드는 뭘까, 이거 짓는 데 돈은 얼마나 들었을까 등등 내가 좋아하는 것과 관련된 모든 것을 공부하고 연구하는 데 시간을 쏟았다. 그 덕분에 덕업일치의 삶을 산 지 1년도 채 안 돼서 유명 호텔에서 초대를 받고, 여러 호텔과 협업을 진행할 수 있었다.

만약 내가 시간으로부터 자유롭지 않았다면 과연 이 모든 것들이 가능했을까? 난 그렇게 생각하지 않는다. 돈이 없으면 아르바이트라도 해서 벌면 된다. 하지만 시간은 벌 수 없다. 지금이 지나가면 끝이다. 퇴사를 했을 때 가장 좋은 점은 바로 시간으로부터 자유로워진다는 것이다. 똑같이 24시간이 주어지더라도 회사에 다니는 사람보다 더 많은 시간을 나에게 쏟아부을 수 있다. 남들 세 달 걸릴 일을 한 달 만에 끝낼 수 있다.

한 번 사는 인생, 평생 남의 일을 해가며 나의 시간을 쏟을 자신이 없었다. 지금이 아니면 도전할 수 없을 것 같단 생각에 결국 나는 퇴사를 선택했다. 이제 '나 어디 다녀요'라는 말은 할 수 없을 뿐더러, 직함도 직급도 월급도 사라졌다. 당장 눈앞에 잃는 것들이 너무 많은 것 같아 두려웠다. 하지만 이제서야 사회가 정해준 내가 아닌, 진정한 내가 눈앞에 서 있었다. 난 나의 미래에 더 큰 의미를 두었고 잃은 것보다 더 많은 걸 얻을 것이라 믿었다.

결국은 '선택'이다. 퇴사를 하지 않더라도 좋아하는 것을 하며 돈을 버는 덕업일치의 삶을 살 수 있으며, 퇴사를 해도 덕업일치의 삶을 살 수 있다. 각자 가진 장단점이 명확하게 있을 뿐이다. 여기서 중요한 것은 '월급'을 얻을 것인지 '시간'을 얻을 것인지. 그 선택은 여러분의 몫이다.

딱히 잘하는 게 없는데 뭘 해야 할까

좋아하는 것을 업으로 삼고 싶어도 막상 내가 무엇을 잘하는지 제대로 알지 못해서 시작하지 못하는 경우가 많다. 나도 마찬가지였다. 하지만 나는 딱히 잘하는 게 없어도 좋아하는 것을 하며 사는 데 아무런 문제가 없다고 생각한다.

그렇게 치면 호텔을 돌아다니며 콘텐츠를 만드는 건 내가 호텔 관련 학과 출신이거나 호텔에서 일해본 경력이 있어서 가능했던 일일까? 전혀 그렇지 않다. 나는 호텔에 대해서 아무것도 모르는 상태였다. 그냥 좋아했을 뿐이다. 그래서 딱히 잘하는 것이 없을 땐 어떻게 해야 할지에 대한 이야기를 나눠보고자 한다.

일단 퇴사를 저지르고 나서야 내가 뭘 잘하는지 고민하기 시작했다. 그런데 '나 이거 잘해!'라고 자신 있게 말할 수 있는 게 하나도 없었다. 충격이었다. 책상 앞에 앉아 진지하게 고민하기 시작했다. 나는 대체 잘하는 게 뭘까. 그동안 회사를 다니면서 기획, 마케팅, 디자인 등등 여러 일을 하긴 했지만 모두 겉핥기로 아는 정도였지 '잘한다'고 생각해본 적은 없었다.

뜬금없겠지만 난 대학교 때 패션 디자인을 전공했다. 그때도 정말 단순하게 '옷이 좋으니까 패션 디자인을 하면 되지 않을까?'라는 생각에 선택한 전공이었다. 그런데 막상 들어가보니 세상에 멋쟁이들은 너무나 많았고 멋진 옷들은 하나같이 비쌌다. 방학 때 백화점 아르바이트를 하며 번 돈으로 근근이 살고 있었던 내게 멋진 옷들은 그저 그림의 떡이었다. '패션 피플'이라고 불리는 사람들은 트렌드에 맞춰 발 빠르게 움직이며 '힙한' 일상을 살고 있었다.

반면 나는 트렌드를 따라가는 게 귀찮았다. 힙한 일상과는 상당히 거리가 먼 삶을 살고 있었다. 학교에 출석했다 백화점으로 출근하기 바빴다. '패션 디자이너가 옷만 잘 만들면 되지!'라며 위안을 삼았지만 옷도 못 만들었다. 대학교 4년 내내 재봉틀로 직선 박는 것 하나 제대로 못했으니 말 다했다. 눈앞에 낭떠러지가 보인다. 아무리 생각해도 이건 내가 잘하는 게 아닌 것 같았다. 그럼 내가 잘하는 건 뭐였을까?

어느 날, 어떤 광고를 보고 반해버렸다. 하나의 이미지만으로 의미를 전달하고, 찰나의 순간에 뭔가를 깨달은 듯한 기분을 안겨주는 광고였다. 광고천재라 불리는 이제석 씨가 만든 작품이었고,

머릿속에 강한 인상이 남았다. 그렇게 나는 광고인의 꿈을 키우게 되었다. 이거다 싶었다. 적어도 재봉틀은 만지지 않아도 되고 노트북만 있으면 뭐든 만들 수 있었다. 우선 포토샵 학원을 다녔다. 한 달 동안 매일 5시간씩 수업을 들어야 하는 험난한 과정이 있긴 했지만, 그 과정을 겪고 나니 어느 정도의 실력은 갖추게 되었다.

그런데 문제는 광고라는 게 포토샵만 잘 만진다고 되는 건 또 아니었다. 참신하고 새로운 아이디어를 만들 수 있어야 했고, 클라이언트와 소비자의 마음을 모두 움직일 수 있어야 했다. 나는 둘 다 못하는데, 그럼 이 길도 내 길이 아닌가? 머리를 아무리 쥐어짜도 참신한 아이디어가 떠오르지 않았다. 다양한 일을 접하다 보면 내가 잘하는 게 뭔지 찾을 수 있을 거라 생각했다. 하지만 그런 생각을 할 틈 없이 시간만 흘렀다.

우리가 뭔가를 '잘한다'고 말할 때 그 기준은 무엇일까? 사람마다 각기 다른 기준을 가지고 있을 것이다. 내가 생각하는 '잘한다'의 기준은 '자신 있게 할 수 있는 것'이다. 적어도 내가 맡은 분야에 자신이 있으면 어떠한 일이 주어져도 정해진 시간과 예산 안에서 능률적으로 처리할 수 있기 때문이다.

하지만 스스로 잘하는 게 없다고 생각하는 이유는, 어쩌면 그 분야에서 1등인 사람과 나를 비교하기 때문이 아닐까 싶다. 1등인 사람은 오랜 시간 해온 것이 쌓여 그 자리에 오를 수 있었던 것이고, 그만큼 시간을 투자하고 노력했기 때문에 당연히 뛰어날 수밖에 없다. 하지만 이 사실을 깨닫기 전엔 항상 최상위권에 있는 사람들과 나를 비교하며 혼자 위축되어 있었다. 그러니 내가 잘하는 것이 없다고 생각할 수밖에.

어쩌면 정상의 위치에 오른 사람들과 나를 비교하기보다, 현재 내가 가지고 있는 능력치들 사이에서 비교하는 것이 맞다는 생각이 들었다. 그래서 일단 손에 잡히는 아무 종이나 꺼내서 내가 가진 능력들, 아니 내가 '할 수 있는 것'들을 모두 써보기 시작했다. 포토샵을 배웠으니까 약간의 합성 작업, 그래픽 디자인, 로고 디자인 그리고 편집 디자인, UI·UX 디자인, 브랜딩, 약간의 마케팅, 카메라로 찍기만 하면 되니까 사진·영상 촬영, 컷 편집 정도는 할 수 있으니까 영상 편집, 회사에서 맨날 하는 회의가 기획 회의니까 기획도 할 줄 안다고 치고, 블로그에 글도 몇 번 끄적여봤으니까 글쓰기까지…. 모두 쏟아냈다. 여기서 중요한 것은 잘하는 일이 아니라는 점이다. 조금이라도 할 줄 알거나 한 번이라도 해본 경험이 있다면 다 적는 것이다. 회사 이력서를 작성할 때의 기억을 떠올려보자. 그럼 한결 수월해질 것이다.

그리고 그다음에 할 것이 중요하다. 종이 위에 써놓은 것들을 하나씩 지우는 작업이다. 이상형 월드컵을 하는 것처럼 A와 B를 비교해 내가 이 중에서 '그나마' 잘하는 것을 선택하면 된다. 나로 예를 들면 '영상 편집 vs. 브랜딩' 이렇게 두고 생각해보는 것이다. 영상 편집을 할 줄은 알지만 브랜딩에 비해서 잘하는 것은 아니다. 그럼 영상 편집을 지운다. 그렇게 내가 가지고 있는 능력들을 서로 비교해가며 최후의 승자가 남을 때까지 계속 지워나가는 것이다.

준결승 정도까지 올라가게 되면 둘 중 뭘 지워야 하나 상당히 고민이 될 것이다. 내가 했던 방법은 일단 눈을 잠시 감고 생각을 비운 다음, 눈을 딱 뜨자마자 보이는 걸 골랐다. 눈길이 가장 먼저 가는 게 가장 익숙한 것이고, 가진 능력들 중에 내가 그나마 우선순위를 두고 있기 때문에 무의식적으로 그게 눈에 들어온 것이라고 생각하면 좋다. 이상형 올림픽을 할 때도 항상 3초의 시간 제한을 두는 것처럼 너무 많은 고민은 오히려 독이 된다. 이 과정은 '그나마' 잘하는 일을 찾는 것이지 내가 '우주 최강'으로 잘하는 일을 찾는 게 아니라는 것을 잊지 말자.

이처럼 딱히 잘하는 게 없는데 뭘 해야 할까 고민이 된다면 '그나마' 잘하는 것을 찾는 게 우선이다. 잘하는 게 뭔지도 모르는 상태에서 자꾸 뭔가를 해야 한다는 조바심 때문에 무작정 들이밀면 어떻게 될까? 결과는 안 봐도 뻔하다.

이렇게 그나마 잘하는 것을 찾고 나면 그다음으로 해야 할 것이 있다. 이제 내가 뭘 좋아하는지 알아야 한다. 이 말을 듣자마자 한숨부터 나올지도 모르겠다. 나조차도 내가 뭘 좋아하는지 모르는데 그걸 어떻게 찾지 싶을 것이다. 하지만 괜찮다. 지금부터 '나도 모르고 있던 내가 좋아하는 것'을 찾아 '내가 그나마 잘하는 것'과 합쳐볼 것이다.

내가 좋아하는 게 지극히 평범하다면

사람들에게 무엇을 좋아하냐고 물어보면 꼭 나오는 3대 리스트가 있다. 바로 '맛집, 여행, 영화'다. 이걸 싫어하는 사람이 과연 대한민국에 얼마나 될까? 맛없는 음식보단 맛있는 음식을 좋아하는 건 당연하다. 또 맨날 앉아 있던 사무실에서 벗어나 색다른 곳에서 재충전하는 여행은 언제나 환영이다. 영화는 굳이 말할 필요도 없다. 침대에 누워서 넷플릭스로 영화나 드라마를 보는 건 얼마나 행복한 일인가. 나는 누운 자리에서 손 닿는 곳에 먹을 것까지 갖추고 영화를 즐기는 프로다.

그래서 문제가 발생한다. 내가 좋아하는 것은 쟤도 좋아한다는 생각에 자신이 좋아하는 것을 그렇게 특별하게 여기지 않는다.

그래서 사람들에게 '좋아하는 거 뭐 있냐'고 물어봤을 때 분명히 저 3대 리스트를 좋아함에도 불구하고 '잘 모르겠다'고 답하기도 한다. 반대로 이런 경우도 있다. 나는 영화도 좋아하고, 운동도 좋아하고, 음악 감상은 물론이고 그림 그리기까지 좋아한다며 신나게 이야기하는 사람들. 이처럼 좋아하는 게 너무 많은 사람들에게도 고충이 있다. 좋아하는 것은 너무 많은데 그중 과연 어떤 것을 업으로 삼아 돈을 벌어야 할지는 모르겠다는 점이다.

<u>좋아하는 것으로 먹고살기 위해선 일단 좋아하는 게 무엇인지 알아야 한다.</u> 내가 좋아하는 게 평범하다고 생각했거나, 좋아하는 게 너무 많아 고민인 사람도 이 책만 잘 따라온다면 문제없다. 왜냐하면 지금부터 우리가 평범하다고 여겼던 것들, 좋아하는 수많은 것들을 아주 '특별하게' 바꿀 것이기 때문이다.

모래시계의 법칙

좋아하는 것을 특별하게 바꾸는 것. 나는 이것을 '모래시계의 법칙'이라고 표현하고 싶다. 모래시계를 뒤집으면 수많은 모래가 아주 작은 구멍을 통과해 떨어지고, 그 모래들은 다시 아래에 차곡차곡 쌓이며 넓게 퍼지기 시작한다. 바로 여기에 좋아하는 것을 돈으로 바꾸는 비결이 담겨 있다. 이제 이 모래들을 '내가 좋아하는 것'으로 바꿔보겠다.

나로 예를 들면 나는 호텔을 좋아했다. 사실 호텔을 좋아했다

기보단 호텔이라는 '공간'을 더 좋아했을 뿐이다. 호텔 외에도 새로운 공간에 가는 것을 좋아했다. 하지만 공간이라고 하니 너무 범위가 넓었다. 카페, 호텔, 술집, 음식점, 전시장 이 모두가 공간인데, 이곳들을 다 다루자니 생각만 해도 가슴이 답답하고 부담스러워졌다. 그래서 <u>그 범위를 좁혀보았다. 이게 핵심이다.</u>

수많은 공간 중에서 나는 호텔을 선택했다. 그런데 생각해보면 호텔도 해외 호텔과 국내 호텔로 나눌 수 있다. 그런데 해외 호텔을 다녀보자니 퇴직금이 순식간에 사라질 것 같았다. 그래서 현실적인 상황을 고려했을 때, 국내 호텔부터 시작하는 게 좋겠다는 생각이 들었다. 이렇게 '공간'에서 '호텔'로, '호텔'에서 '국내 호텔'로 범위를 한 번 더 좁혔다.

그다음은 뭘까. 이제 감이 잡힐 것이다. 국내라고 해도 범위가 무척 넓어서, 순회 공연을 하듯 전국을 돌아다닐 수는 없는 노릇이었다. 범위를 더 좁힌다. 집이 서울에서 가까운 편이니 '서울권 호텔'로 좁혔다. 범위가 너무 좁아진 것은 아닐까 걱정될 수도 있다. 괜찮다. 왜냐하면 서울권 호텔을 먼저 판 후에 차츰차츰 범위를 넓혀나가면 되기 때문이다. 좁아졌다 넓어지는 이 모습이 모래시계와 비슷하지 않은가?

이 모래시계 법칙을 이용하면 뭐든지 좁힐 수 있다. 한 가지 예를 더 들어보자. 이를테면 여행을 좋아한다고 가정해보자. 여행도 수많은 종류가 있다. 산이 좋은지, 바다가 좋은지, 휴양이 목적인 여행인지, 전투적으로 이곳저곳을 돌아다니는 여행인지 등등.

자, 이제 아까 했던 것처럼 범위를 좁혀보자. "나는 여행지로 바다가 보이는 곳을 선호해. 그중 서해와 남해보단 동해를 더 좋아하는 것 같아. 동해 중에서도 인적이 드문 바닷가가 그렇게 좋더라." 이 경우에도 광범위했던 '여행'에서 '인적이 드문 동해 바다'로 범위가 대폭 좁아졌다. 지금까지는 지역의 범위를 좁히는 예시를 들었지만, 영화로 치면 '특정 배우가 나온 영화가 좋다', '스릴러 장르 중 스토리가 탄탄한 영화가 좋다', '시리즈로 이어지는 영화가 좋다' 등 여러 가지 방법으로 좁힐 수 있다.

이렇게 범위를 좁히는 이유는 뭘까? 그냥 여행을 좋아하는 것과 인적이 드문 동해 바다 여행을 좋아하는 것, 둘 중 어떤 것이 더 매력적으로 느껴지고 특별해 보이는가. 답은 이미 나왔다. 더 이상 내가 좋아하는 것이 평범하고 지루한 것이라 생각하지 않아도 된다. 누구나 좋아하는 것을 범위만 좁혀도 더욱 특별하게 보이도록 바꿀 수 있다. 또한 다방면으로 이것저것 건드리는 것이 아니라 하나만 깊이 있게 파기 때문에 개성이 강해진다는 장점도 있다.

범위가 좁아지면 내가 어떤 것을 집중적으로 파야 할지 뚜렷하게 보인다. 보통 우리가 좋아하는 것을 업으로 삼지 못하거나 시도했다가 금방 포기하는 이유는 좋아하는 것의 범위가 너무 넓기 때문이다. 범위가 넓으면 어디서부터 시작해야 할지 막막할 수밖에 없다. 하지만 범위가 대폭 좁아지면 막막함은 사라진다. 여행 전체를 다루는 것보다 동해 바다 여행부터 다루는 편이 수월하다. 바로 행동으로 옮기기에도 부담이 덜하다. 일단 그것부터 파면 된다.

이렇게 범위를 좁힌 다음엔 다시 넓힌다고 했는데, 그럼 넓히는 것은 어떻게 해야 할까? 나는 앞서 범위를 좁힌 대로 서울권 호텔을 열심히 파고 있었다. 그러다 호텔뿐 아니라 '고급 스테이'로도 확장했다. 즉 '쉬는 공간'으로 영역을 살짝 넓힌 것이다. 이렇게 속성을 바탕으로 영역을 넓힐 수도 있고, 아주 직관적으로 서울권 호텔에서 경기권 호텔 그리고 강원도, 경상도, 전라도 등 지역을 넓히는 것도 한 방법이다. 그렇게 점점 넓혀가며 '호텔 왕'이 되어가는 것이다. 생각보다 간단하다.

그렇다면 좋아하는 게 많아서 뭐부터 해야 할지 모르겠는 사람들은 어떻게 할까? 우선 좋아하는 것들을 모두 나열해보자. 그런 다음 이 질문에 답을 해보길 바란다. "앞으로 그 일을 하지 않는 조건으로 한 달에 500만 원씩 준다면 어떻게 할 것인가?" 이 질문에 대한 답으로 '좋아하는 걸 포기하겠다'는 답이 나오는 것들을 하나씩 지워나가면 된다. 어쩌면 나열해놓은 것들이 모두 다 지워질 수도 있다. 하지만 이 기회에 알 수 있다. 그 일을 좋아하는 척한 것인지, 사랑하는 정도로 정말 좋아하는 일인지 말이다. 내가 너무 좋아하는 것이라면 500만 원을 꼬박꼬박 받는 대신 좋아하는 일로 더 큰 돈을 벌 수 있다는 확신이 들기 마련이다. 그렇게 해서 하나 남은 것이 있다면, 그걸 다시 모래시계 법칙을 활용해 범위를 좁히면 더욱 특별한 것이 탄생할 것이다.

이제 어디 가서 무엇을 좋아하냐는 질문을 받았을 때 '잘 모르겠다'는 말은 하지 않을 것이다. 우리에겐 '맛집, 여행, 영화' 같은

3대 리스트 대신 모래시계 법칙으로 좁힌 것이 있기 때문이다. 단언컨대 그걸 들은 상대방은 여러분들에게 흥미를 가질 것이다. 이것이 내가 좋아하는 것을 특별하게 만드는 방법이다.

나는 왜 호텔 덕질을 시작했을까

사실 난 호텔에 관심이 없었고 오히려 에어비앤비를 더 좋아했다. 대학 시절, 있는 돈 없는 돈 끌어모아 한 달 정도 유럽에 다녀온 적이 있다. 숙소는 당연히 에어비앤비로 가장 저렴한 곳을 찾았다. 밥 한 끼 정돈 안 먹어도 여행에 지장 없었고, 잠만 잘 수 있다면 어디든 좋았다. 그렇게 찾은 숙소는 단칸방에 침대도 따로 없이, 소파를 펼치면 누울 자리가 되는 곳이었다. 몸에 닿으면 피부병에 걸릴 것처럼 생긴 이불은… 안 덮으면 된다. 화장실 변기 물을 내리려면 내가 직접 물을 채워 넣어야 하는 독특한 곳이었다. 하지만 뭐 어떤가, 창문을 열면 프랑스 파리다. 그 자체로 이미 낭만적이었다. '역시 여행은 살아보는 거지!'라며 로컬 감성에 취해 있었다. 아침마다 체인스모커스의 노래 〈Paris〉 틀어놓고 파리 감성에 젖어 있었다. 어차피 잠만 자는 곳인데, 그 비싼 돈을 내가며 호텔에 가는 이유에 공감할 수 없었다. 그랬던 내가 왜 갑자기 호텔에 꽂혔을까. 무슨 일이 있었던 걸까?

그 후로 몇 년 뒤, 퇴사를 한 달 앞두고 또 다시 파리로 여행을 갔다. 이제는 직장인이기도 하겠다 대학생 때보단 여윳돈이 조금 있으니, 그래도 이왕 온 거 큰맘 먹고 호텔에 가보기로 했다. 하지만 큰 기대는 하지 않았다. 전 세계 어느 맥도날드를 가도 비슷한 맛의 빅맥을 먹을 수 있는 것처럼, 어디를 가든 비슷하게 고급스러운 분위기에 똑같은 서비스를 제공하는 곳. 나에게 호텔은 그런 존재였다. 그때 당시 파리에서 가장 잘나간다는 호텔이 하나 있다고 들었다. 그곳에 가보기로 했다. 그리고 그 호텔은 나에게 상당히 큰 충격을 안겨주었다. 내가 생각하던 그냥저냥한 호텔이 아니었다.

호텔이라고 하면 떠오르는 고급스러운 로비 분위기가 아니었다. 누구는 노트북으로 일을 하고 있었고 다른 누군가는 친구와 수다를 떠는 중이었다. 여기가 동네 카페인지 호텔 로비인지 헷갈릴 지경이었다. 체크인을 해야 하는데 프론트 데스크는 구석에 숨어 있었다.

가장 충격이었던 것은 이들은 '로비'라는 말을 쓰지 않았다. 로비 공간을 'public living room'이라 표현했다. 투숙객이 아니더라도 지역 주민이나 근처에 지나가는 사람들이 편하게 들락거릴 수 있게 해놓은 것이다. 아침마다 지역 주민들과 함께 조깅 클럽을 운영하기도 하고 누구나 참여할 수 있는 플리마켓을 열기도 했다.

객실 안에 들어가니 귀엽게 생긴 종이 봉투가 하나 있었다. 봉투에 적힌 몇 가지 선택 사항들을 체크하고 문고리에 걸어두면, 다음 날 아침 그 봉투 안에 간단한 아침거리를 넣어줬다. 세상에, 너무 흥미로웠다. 그곳에선 그 누구보다 파리지앵스러운 하루를 살 수 있었다. 딱딱하고 재미없는 곳이라 생각했던 게 무색하게도 상당히 흥미로운 곳이었다. 호텔에서도 로컬 감성을 느낄 수 있었다. 호텔의 매력에 빠져들기 시작했다.

이때 처음으로 깨달았다. 호텔은 더 이상 잠만 자는 곳이 아니구나. 이 안에서 재미난 일들이 많이 벌어질 수도 있구나.

그렇게 한국으로 돌아와 2주에 한 번꼴로 호텔을 돌아다니기 시작했다. 사람마다 성격이 모두 다르듯 호텔 또한 마찬가지였다. 각자의 개성이 다르고, 디자인, 서비스, 투숙 경험 모두 다르다. 나는 호텔이 마치 곳곳에 숨겨진 힌트들을 찾아서 주어진 시간 안에 탈출해야 하는 '방 탈출 카페' 같다고 생각했다. 이 호텔에는 어떤 스토리가 있을까, 왜 이런 인테리어를 했을까 등등 단서들을 하나씩 찾아나가는 재미에 푹 빠졌다. 나름대로 단서들을 찾아 인터넷에 검색해봤을 때 내가 생각한 것과 일치하면 그렇게 기분이 좋을 수 없었다. 그 맛에 중독되는 바람에 호텔 가는 날이 기다려졌다.

성인이 되고 나서 내가 어떤 대가를 바라지 않고 순수하게 무언가를 좋아해본 적이 언제였던가 싶다. 로비에 은은하게 퍼지는 향, 객실에 문을 열고 첫발을 내딛었을 때의 두근거림, 하루 일과를 마치고 침대에 풀썩 하고 누웠을 때 느껴지는 쾌적함, 이 모든 게 다 좋았다. 그 이후로 수없이 많은 호텔을 다녔지만 난 아직도 호텔에 가는 날이면 설렌다. 매일 가고 싶다.

이미 늦은 것 같은데
시작해도 될까

'잘하는 사람들이 이렇게 널렸는데 이미 늦은 건 아닐까?'
'이미 레드오션 아닌가?'

내 답변을 어느 정도 예상했겠지만, 난 늦었다고 생각하지 않는다. 우리가 자꾸 '늦었다'고 말하는 이유는 여러 가지가 있겠지만, 그중 가장 큰 이유는 '내가 저 사람들처럼 잘할 수 있을까?'에 대한 두려움 때문이고, 시작하기 두려운 마음을 그럴듯하게 핑계대기 위함이 두 번째 이유다.

우린 지금 좋아하는 것을 업으로 삼아보고자 막 시작한 새내기다. 회사로 치면 신입사원인데, 신입사원이 처음 출근하자마자 부장님 자리를 넘보는 것과 같다고 생각한다. 우리는 지금 정상에 오른 사람들과 비교해서는 안 된다.

게다가 우리가 하고자 하는 일에 레드오션이란 존재하지 않는다. 레드오션은 경쟁이 치열해서 성공을 보장하기 어려운 시장을 뜻한다. 이를테면 접시 위에 우리가 먹을 수 있는 케이크의 전체 양은 정해져 있는데, 그 케이크를 먹으려 하는 사람이 많다면 당연히 내가 먹을 수 있는 양은 줄어든다. 한 기업이 청소기를 만들었는데 갑자기 청소기 붐이 불어서 너도나도 청소기를 만들고 있으면 그거야말로 진짜 레드오션이다. 소비자들은 결국 수많은 청소기 중 하나만 사지, 청소기를 두세 개씩 사지는 않기 때문이다.

그런데 우리가 하는 일을 생각해보자. "자 오늘부터 호텔을 좋아할 수 있는 사람은 정해져 있습니다. 땅땅땅." 이런 게 아니지 않던가? 내가 호텔을 좋아하면 저 사람도 좋아할 수 있는 것처럼 좋아하는 것에는 총량이 정해져 있지 않다. 혹은 내가 호텔 관련 콘텐츠를 만든다고 치자. 그러면 호텔 관련 정보를 보고 싶은 사람은 내 콘텐츠 하나만 볼까? 절대 그렇지 않다. 우리가 어떤 것을 검색할 때의 모습을 한번 생각해보자. 하나의 정보만 얻고서 '그래 이거군!' 하며 결정을 내린 적이 있었는지. 정보란 이것도 필요하고 저것도 필요한 법이다. 이 시장은 누가 더 많이 먹겠다고 서로의 것을 뺏는 경쟁이 아니다. 그렇기 때문에 레드오션은 존재하지 않는다는 것이다.

사람마다 자라온 환경이 모두 다르기 때문에 같은 호텔을 방문하더라도 모두가 똑같은 경험을 하는 것은 아니다. 나는 좋다고 생각했는데 다른 사람은 별로라고 말하는 것처럼 말이다. 느끼는 점이나 생각하는 것 모두 제각각이다. 그래서 레드오션은 없다고 자신 있게 말할 수 있다. 우리는 그저 하고 싶은 대로 마음껏 하면 된다. 정해진 답도 없다.

매일 새로운 먹방 유튜버가 등장하고, 매일 새로운 뷰티 유튜버가 등장한다. 먹방과 뷰티야말로 가장 흔한 콘텐츠라고 할 수 있다. 그런데도 왜 계속 새로운 유튜버가 등장할까? 레드오션임에도 불구하고 말이다. 그건 레드오션이 아니기 때문이다. 그들은 각자 자신만의 언어를 사용해 콘텐츠를 만든다. 이것이 가능한 이유는 앞서 이야기했듯이 우린 모두가 다른 삶을 살아왔고, 경험한 것이 다르기 때문이다. 나 자체만으로도 이미 특별하고 새롭다.

사람은 인생을 살면서 각자 자신만의 도서관을 완성해간다고 한다. 하루하루 살아가면서 느끼고 배운 것들을 차곡차곡 책장에 한 권씩 쌓는다. 그렇게 나만 가질 수 있는 도서관을 세우고, 다른 사람에게 내가 알고 있는 사실을 공유하면서 나만의 도서관에 있는 책을 빌려주기도 한다. 여러분들은 어떤 도서관을 만들어왔는지 궁금하다. 그만큼 우리 모두는 특별한 존재다. 자기 자신을 너무 과소평가하지 않았으면 좋겠다. 우리는 모두 각자만의 이야기를 가지고 있고, 각자의 개성과 잠재력이 있다. 아직도 세상은 새로운 것을 갈망한다. 그래서 '지금'이 기회다. 이제 여러분들이 나서서 여러분의 이야기를 할 차례다. 많은 사람들이 기다리고 있다.

하지만 정말 늦은 때도 있다. 건강이 나빠져 좋아하는 것을 업으로 삼아 일하고 싶어도 그러지 못할 때다. 마음이 아프지만 그때는 정말 늦었다. 하고 싶어도 못 하는 것만큼 슬픈 것이 어디 있을까. 하루라도 더 건강할 때 시작하는 사람이야말로 행복한 덕업일치 라이프를 즐길 수 있다. 지금 우린 언제든지 마음만 먹으면 다 해낼 수 있다. 그러니 내가 세상을 떠나기 전까진 늦었다고 할 수 없고, 레드오션은 그 어디에도 없다.

덕업일치는 어떻게 시작할까

　덕업일치의 삶을 어떻게 시작하는지 본격적으로 이야기하기에 앞서 재밌는 이야기 하나를 짧게 할까 한다. 이 이야기 덕분에 소심쟁이인 나도 시작에 대한 두려움을 극복하고 용기를 낼 수 있었다. 그리고 곧바로 좋아하는 것을 하며 사는 삶에 뛰어들었다. 그래서 여러분들에게도 이 이야기를 꼭 해주고 싶다.

　때는 1961년. 충격적인 사건이 벌어진다. 세계 최초로 우주 비행에 성공한 소련. 이 사건으로 전 세계는 충격에 휩싸였고 미국은 소련의 기술력에 대한 두려움을 느꼈다. 소련이 하늘을 점령했다는 말이 돌 정도였다고 한다. 미국은 상황을 역전시킬 만한 묘안이 필요했고 존 F. 케네디 대통령은 온 국민을 향해 이렇게 연설했다.

"우리는 달에 가기로 했습니다. 그것이 쉽기 때문이 아니라 어렵기 때문에 결정한 것입니다. 이것은 우리의 모든 역량과 기술을 한데 모아 가늠해보는 일이 될 것입니다. 이 도전이야말로 우리가 하고자 하는 것이며, 더 이상 미룰 수 없는 것이고, 우리의 승리가 될 것이기 때문입니다."

- 1962년 휴스턴 연설문 중

그로부터 8년 뒤, 닐 암스트롱이 인류 최초로 달에 발자국을 남기고 지구로 돌아왔다. 당시 NASA(미국항공우주국) 직원의 평균 나이는 26세였다. 존 F. 케네디 대통령의 연설이 끝나자마자 대체 무슨 일이 벌어졌던 걸까?

그 전까지만 해도 모두가 불가능한 일이라고 입을 모았다. 하지만 모두가 '달에 간다'는 한 가지 목표를 꿈꾸고 있었다. 미국 전역에서 과학자와 엔지니어가 모여 '달에 가기 위해 지금 당장 우리가 할 수 있는 것은 무엇인지' 물었고, 달에 가기 위한 세부적인 계획들을 세웠다. 그리고 해냈다. 이처럼 불가능해 보이는 목표를 가능하게 바꾼 건 거창한 계획이 아니었다. 목표를 이루기 위해 '지금 당장 할 수 있는' 작은 계획들에 집중했고, 하나씩 그리고 꾸준히 앞으로 나아갔을 뿐이다. 결과는 성공적이었다.

이 이야기만 하면 항상 가슴이 벅차오르는 기분이다. 지금 느껴지는 그 벅참을 기억해두자. 왜냐하면 덕업일치의 삶 또한 이와 크게 다를 바 없기 때문이다. 누구나 좋아하는 것을 하며 살고 싶다는 생각을 한 번쯤은 해봤을 것이다. 그렇지만 '실패하면 어떡하지,

괜히 시간만 뺏기는 것은 아닐까, 잘못했다 큰일 나는 건 아닐까' 하는 걱정이 앞선다. 하지만 괜찮다. 이제 우리도 할 수 있다.

우리가 가장 먼저 해야 할 것은 생각만 해도 '가슴이 뛰는 목표'를 하나 잡는 것이다. 그 목표가 불가능해 보일지라도 상관없다. 눈을 감고 내가 한 번쯤 꿈꿨던 가장 이상적인 삶의 모습을 떠올려 보자. 여행을 좋아한다면 출퇴근 걱정 없이 세계 일주를 하며 일하는 것이 될 수도 있고, 영화를 좋아한다면 훗날 칸 영화제에서 상을 받아 무대 위에서 감사의 인사를 올리는 내 모습이 될 수도 있다.

나의 가슴 뛰는 목표는 '호텔을 세우는 것'이다. 생각만 해도 두근거리지만 한편으론 걱정이 되기도 한다. 지금 나에겐 건물, 돈, 땅 모두 없기 때문이다. 그럼 영원히 호텔을 세우지 못하는 것일까? 앞서 이야기했던 존 F. 케네디의 연설을 떠올려보자. 호텔을 세우겠다는 불가능해 보이는 목표를 이루기 위해서 지금 <u>내가 당장 할 수 있는 것</u>은 딱 세 가지다.

일단 <u>호텔을 많이 다녀보는 것</u>이 첫 번째다. 고기도 먹어본 사람이 먹는다고 호텔을 이곳저곳 다녀봐야 어떤 호텔이 좋고 나쁜지 알 수 있고, 내가 나중에 호텔을 세울 때도 어떤 점을 참고하면 좋을지 그림이 그려진다. 호텔을 직접 가보는 것이야말로 살아 있는 공부다. 나에게 호텔을 가는 것은 언제나 즐거운 일이다. 호텔을 다니기만 해도 '호텔을 세운다'는 꿈에 가까워질 수 있다니, 생각만 해도 가슴 벅찬 일이다.

그다음엔 <u>다녀온 호텔들을 전부 기록하는 것</u>이다. 이 호텔은 어떤 점이 인상 깊었고, 이곳에서 어떤 경험을 했는지 말이다. 이 기록들을 사람들에게 공유할 것이다. 누군가는 호텔을 갈 때 내 기록들을 참고해 결정을 내릴 것이다. 즉 기록으로 누군가에게 도움을 줌으로써 사람들의 마음을 얻고 조금씩 인지도를 쌓는 것이다. 나를 따르는 소중한 팬들을 모으는 과정이다.

그리고 마지막으로 호텔과 관련된 책을 모두 읽는 것이다. 나는 호텔 관련 학과를 나온 것도 아니고, 호텔 업계에서 일을 해본 것도 아니기 때문에 전문적인 지식이 있는 상태가 아니다. 그래서 가장 빠르게 호텔 관련 지식을 얻을 수 있는 방법은 책을 읽는 것뿐이다. 호텔을 세워야 하니 부동산에 대한 이해도 필요하고, 디자인에 대해서도 알아야 하고, 사람들의 흥미를 자극하는 마케팅에 대한 공부도 해야 한다. 어차피 지금 당장 몇 개월 안에 호텔을 세울 수 있는 것이 아니니 내 머릿속에서 호텔을 먼저 지어보는 것이다. 그 호텔의 주 재료는 책이다.

정리하면 호텔을 세우기 위해서 지금 내가 할 수 있는 것은 '보고, 쓰고, 읽는 것' 이 세 가지뿐이다.

우리가 그동안 시작을 하지 못했던 이유는 어디서부터 어떻게 해야 할지 막연했기 때문이다. 그리고 명확한 목표가 없었기에 불확실함에 대한 두려움이 생겼을 뿐이다. 그래서 우린 먼저 가슴이 뛰는 목표를 세웠다. 그래야 지금 우리가 당장 무엇을 할 수 있는지 계획을 세울 수 있다. 계획은 완벽하지 않아도 좋다. 완벽한 계획보다는 지금 당장 할 수 있는 아주 작은 계획들을 세우는 게 중요하다. 해야 할 게 눈앞에 보이면 불확실함과 막연함은 사라지고, 조심스럽게 첫 발걸음을 뗄 수 있게 된다.

그러니 시작을 위한 가슴 뛰는 목표를 하나 세워보자. 그것이 불가능해 보일지라도 말이다.

'3시간'으로 덕업일치를 이룰 수 있다면

　좋아하는 것을 하며 사는 사람들 즉, 성공한 덕업일치의 삶을 살고 있는 사람들의 공통점이 있다. 이를테면 게임 방송으로 성공한 스타 유튜버 '대도서관', 커피를 너무 좋아해 만든 커피 브랜드 '블루보틀', 떡볶이 덕후가 만든 떡볶이 프랜차이즈 '두끼', 옷이 너무 좋아서 시작한 쇼핑몰에서 글로벌한 기업이 된 '스타일난다' 등. 멋진 브랜드가 되어 남부럽지 않은 삶을 살고 있는 이들은 모두 하루아침에 성공한 덕업일치 라이프를 누리게 된 것이 아니다.

　"좋아하는 것을 업으로 삼아 돈을 많이 버는 삶까지 가기 위해 딱 한 달만 열심히 하면 됩니다!"라고 할 수 있다면 얼마나 좋을까. 하지만 내가 과연 언제까지, 얼마나 꾸준히 해야 성공적인 덕업일치의 삶을 살 수 있을지 알 수 없다. 그래서 시작조차 못 한다. 성공한 사람들은 "6개월만 해봐라.", "1년만 해봐라."라고들 말하지만 그 시간마저 너무 길게 느껴졌다. 그래서 나는 시간을 잘게 쪼개버렸다. 만약 <mark>하루에 3시간만 투자해도 덕업일치의 삶을 살 수 있다면 어떨까?</mark> 왠지 바로 시작할 수 있을 것 같다.

일단 하루에 3시간은 꼭 좋아하는 것에 시간을 쓰겠다고 약속했다. 아침이든 밤이든 언제든 상관없다. 사실 매일 3시간씩 투자하기란 쉽지 않다. 그래서 이걸 습관으로 굳히기 위해서 딱 3주 동안 반복할 것이다. 여기서 이제 변화가 생긴다. 3주 동안 하다 보면 습관으로 굳어져 좋아하는 것에 시간을 투자하는 것이 자연스러워진다. 그리고 그 상태로 3개월간 이어가는 것이다.

실제로 나는 호텔에 가든, 가지 않는 날이든 다녀온 호텔에 대한 글을 쓰는 데 3시간을 투자했다. 처음엔 이 3시간마저도 쉽지 않았다. 글이 쉽게 써지지 않으니 3시간이 너무 길게 느껴지고, 재미있는 유튜브가 눈에 아른거렸다. 하지만 이것마저 못 하면 내 자신이 너무 초라할 것 같다는 생각에 억지로라도 앉아 있었다.

그렇게 일주일이 지나니, 아주 조금씩 자연스럽게 글을 쓰게 되었다. 쓰다가 막히면 호텔 관련 기사나 자료들을 찾아보기 시작했다. 3주째가 되니 글쓰기가 익숙해졌다. 글을 잘 쓰든 못 쓰든 그건 중요하지 않다. 내가 3주간 꾸준히 했다는 것만으로도 뿌듯했다. 얼마 만에 느끼는 성취감인지 모르겠다. 그렇게 한 달, 두 달 그리고 세 달째 되었을 때 나는 90편의 글을 쓰고 있었고, 2천 명의 팔로워를 모을 수 있었다. 나는 3시간만 투자했을 뿐인데 말이다.

　나는 이 과정을 '333 전략'이라고 부른다. 3개월이 지나면 속도가 붙기 시작한다. 이때부턴 여기에 '3'을 하나 더 붙여 '3333 전략'으로 3년을 향해 간다. 3개월 만에도 삶이 달라지고 있는데 3년 뒤 우리들의 모습은 어떨까?

　대신 이 '333 전략'엔 규칙이 하나 있다. 2일 차까지 하다가 3일 차 때 쉬면 다시 맨 처음인 1일 차로 돌아가야 한다. 드라마처럼 중간에 끊고 다시 이어갈 수 없다. 어떠한 변명의 여지도 주면 안 된다. 한 번 봐주기 시작하면 하루 건너뛴 게 이틀이 되고 사흘, 나흘이 되기 때문이다. 이때만큼은 나와 단단히 약속해야 한다. 단 3시간만 투자하면 내가 꿈꿔왔던 목표를 이룰 수 있는데, 우리 삶이 달라질 수 있는데, 이마저도 시작하지 못한다면 난 더 이상 해줄 말이 없다. 만약 3시간도 버겁다면 2시간씩 3주로 바꿔도 좋다.

　나는 이 3시간 덕분에 책을 출판할 수 있는 기회가 생겼고, 탈잉에서 VOD 강의를 만들 수 있는 기회도 생겼으며, 호텔을 다니기만 하던 내가 호텔과 협업을 하기도 하고 초대까지 받고 있다. 여기까지 만드는 데 1년도 채 걸리지 않았다. 지금 이 기회들을 잘 잡고 또 다른 기회를 계속해서 만들어낸다면 앞으로 1년 뒤의 내 모습은 또 달라져 있을 것이다. 카드값에 쫓겨 싫어하는 일을 억지로 해내던 나는 이제 찾아볼 수 없다. 심지어 좋아하는 것만 하면서 살고 있다. 대책 없이 살아왔던 무지한 나도 이 정도의 성과를 냈다는 것은 여러분들은 충분히 더 멋지게 해낼 수 있다는 이야기다.

덕업일치 라이프, 꿈만 꾸지 말자. 이제 그 꿈을 현실로 만들어갈 것이다. 시작이 두려울 수 있다. 하지만 우린 이를 극복하기 위해 가슴 뛰는 목표를 잡았고, 그 목표를 이루기 위해 지금 당장 할 수 있는 작은 계획들도 세웠다. 계획은 딱 그 정도다. 우리의 발목을 잡는 완벽한 계획 따윈 세울 필요 없다. 그리고 마지막으로 우린 하루에 딱 3시간만 나의 모든 것을 쏟아볼 것이다. 우린 반드시 가슴 뛰는 그 목표를 이룰 것이며, 성공적인 덕업일치의 삶을 살 것이다.

자, 이제 체크인 절차를 어느 정도 거쳤으니 객실로 올라가보자. 다음 챕터에선 좋아하는 것을 '업'으로 바꾸는 이야기를 할 것이다.

덕업일치의
롤모델을 만나다

"그동안 수많은 많은 호텔을 다니셨는데, 그중 가장 좋았던 곳은 어디인가요?"

이 질문은 125번째 듣는 것 같다. 하지만 나의 답변 또한 125번째 똑같다.

"호텔은 사람과 같아서 각자의 개성과 성격이 모두 다릅니다. 금액이나 시설을 모두 떠나서 제가 가장 좋아하는 호텔은 '핸드픽트 호텔'입니다."

의외의 답변이었기 때문일까. 사람들은 125번째 의아한 표정을 짓는다.

핸드픽트 호텔은 나에게 '희망'을 안겨준 곳이다. 호텔을 세우겠다고 동네방네 떠들고 다녔지만 사실 한편으론 걱정이 되기도 했다. '나처럼 평범한 사람도 과연 호텔을 세울 수 있을까?' 하며 혼자 속앓이를 하던 도중 정말 거짓말같이 이 호텔을 발견했다. 그리고 이곳은 나에게 신선한 충격을 안겨줬다.

보통의 호텔들은 자연 경관이 좋은 곳에 터를 잡거나, 상업지구 쪽에 자리를 잡는다. 하지만 핸드픽트는 주거 지역으로 유명한 서울의 동작구 상도동에 세워졌다. 놀라운 사실은 세계적인 라이프스타일 잡지 〈모노클〉에서 세계 TOP100 호텔 중 하나로 핸드픽트를 선정했다는 것이다. 그것도 한국 최초로. 더 충격적인 건 이 호텔은 기업이 아니라, 한 개인이 투자자들을 꼬박 3년을 설득해 세운 곳이라는 점이다.

핸드픽트 호텔은 단순히 숙박시설로 그치지 않는다. 호텔과 지역사회가 함께 성장하는 것을 꿈꾼다. 대표적인 예로, 호텔 레스토랑의 모든 식재료는 상도동에서 가까운 노량진 수산시장에서 공수해온다. 또한 이곳이 홍대나 가로수길처럼 상권 임대료가 올라 지역 상인들이 밀려나는 것을 막고자 임대료 상승폭 제한을 두는 제3자 계약을 위해 구청과 함께 몇 년째 노력하고 있다.

게다가 수해나 화재 발생 시 저렴한 가격으로 객실 지원을 나서기도 한다. 인근 특수학교에서 졸업식 장소를 대관하는 데 어려움을 겪자, 핸드픽트가 먼저 손을 내밀어 2년 연속 이곳에서 졸업식을 진행하기도 했다. 과연 어느 호텔이 지역사회를 위해 이렇게까지 할 수 있을까? 그런 마음이 통해서인지, 실제로 호텔 방문객의 46%가 동작구 주민이었다.

    이 호텔의 지하 1층은 더 흥미롭다. 많은 사람들이 유아차를 끌거나, 어린아이를 동반한 채로 카페에서 시간을 보내고 있었다. 지하 1층 카페 뒤로는 아이들을 위한 작은 도서관이 하나 있다. 도서관의 한쪽엔 아이들이 책을 보며 놀 수 있는 키즈룸까지 준비되어 있다. 투숙객만 이용할 수 있도록 하지 않고, 지역 주민들을 위해 공간을 내놓은 핸드픽트. 그들의 따뜻한 배려에 입가에 미소가 그려진다.

    객실 안의 시설물들은 1박에 40~50만 원이 넘는 럭셔리 호텔에 비하면 물론 부족한 점도 있다. 그러나 기본적이고 본질적인 것을 절대 놓치지 않는다. 대표적으로 수면의 질을 높이기 위해 명품 호텔 브랜드에 들어가는 침대 매트리스와 동일한 것을 사용한다.

    특히 이곳의 조식은 쉽게 잊을 수 없다. 일반적으로 호텔 조식은 뷔페식으로 운영된다. 수백 명의 투숙객에게 조식을 제공하기 위해선 뷔페식으로 운영하는 것이 효율적이며, 다양한 나라에서 오는 투숙객들의 입맛을 맞추기에도 좋은 방법이기 때문이다. 그러나 핸드픽트는 셰프들 사이에서도 힘들어한다는 한식 밥상을 고집한다. 그 이유는 간단하다. 호텔은 지역의 주거 형태를 담아야 한다는 신념, 잠깐 머물다 가는 곳이 아니라 '살아보는 경험'을 만들고자 하는 신념을 지키기 위해서다.

그리고 핸드픽트의 선택은 옳았다. 정말 정갈하게 차린 집밥을 먹는 듯한 느낌이었다. 심지어 조식 메뉴는 요일별로 다르게 구성되어 있다. 토스트와 커피도 훌륭하지만, 해외 관광객 입장에서도 이런 한국스러운 조식을 경험한다면 더욱 풍성한 여행을 즐길 수 있지 않을까? 그간 100여 곳이 넘는 호텔을 다니며 처음 본 조식이었다. 오랜만에 호텔에서 '푸짐'이 아닌 '든든'한 아침을 맞이할 수 있었다. 이 호텔, 확실히 색다르다.

이들의 매력은 끝이 없다. 핸드픽트는 스스로 동네 투어 가이드가 되어 호텔 근처에 어떤 맛집이 있고, 가볼 만한 곳은 어디가 있는지 직접 소개한다. 호텔 내에 부대시설이 많지 않은 대신 호텔 근처에 갈 만한 곳을 추천해주는 이들의 방식은 똑똑하다. 핸드픽트의 작은 시도들 덕분에 투숙객들은 이 지역을 더욱 다채롭게 경험할 수 있고, 지역 상권은 조금 더 활성화된다. 호텔이 할 수 있는 '선한 영향력'이란 이런 게 아닐까? 그렇게 핸드픽트 호텔은 개관 이후 8개월 만에 손익분기점을 가볍게 넘겨버린다. 호텔 업계에선 흔히 볼 수 없는 이례적인 일이다.

이처럼 핸드픽트 호텔은 기업이 아니라 개인이 세운 호텔도 충분히 가능성이 있다는 것을 보여주었다. 개인이 만들었기에 오히려 더 색다르고 인상 깊은 호텔이 탄생할 수 있었다. 앞으로 이들의 행보가 진심으로 기대된다. 나에게 이곳은 '호텔을 세울 것이라는 꿈'이 막연한 꿈이 아니라는 것을 오감으로 경험하게 해준 교과

서이자, 롤모델이다.

그리고 1년 후, 핸드픽트 대표님을 직접 만나 뵐 수 있었다.
희망이 보인다. 호텔을 세운다는 꿈, 불가능해 보이지 않는다.

완벽한 계획보다는 지금 당장 할 수 있는
아주 작은 계획들을 세우는 게 중요하다.
해야 할 게 눈앞에 보이면
불확실함과 막연함은 사라지고,
조심스럽게 첫 발걸음을 뗄 수 있게 된다.

우리는 모두 각자만의 이야기를 가지고 있고,
각자의 개성과 잠재력이 있다.
아직도 세상은 새로운 것을 갈망한다.
그래서 '지금'이 기회다.
이제 여러분들이 나서서 여러분의 이야기를 할 차례다.

CHAPTER _ 2

좋아하는 것으로 어떻게 돈을 벌까?

> **객실**

로비에서 체크인을 마치면 곧장 객실로 향한다. 객실은 호텔의 다른 어떤 시설보다 오랜 시간을 보내는 공간이다. 그래서 객실 안이 너무 건조하지는 않은지, 침대는 편안한지, 뷰는 만족스러운지, 편하게 짐을 풀어놓을 곳은 있는지 등 생활하는 데 큰 불편함이 없을지 파악해야 한다. 이렇게 호텔과 나 사이의 합을 맞추고, 그곳에서의 경험을 좋게 만들어나간다.

덕업일치의 삶 또한 마찬가지다. 이전 챕터에서는 '좋아하는 것'과 '나'의 합을 맞춰보았다. 이제부터는 좋아하는 것에 멈추지 않고 우린 이것을 '업'으로 바꿀 것이다. 그리고 자신에게 딱 맞는 일을 찾았을 때 당신의 삶은 상당히 재미있어질 것이다. 지금부터 본격적인 덕업일치 노하우를 하나씩 살펴보자.

'덕'과 '업'은 대체 뭘까

 본론에 들어가기 앞서 질문을 하나 하고 싶다. 여러분들이 생각하는 '덕업일치의 삶'은 무엇인가. 무작정 좋아하는 것만 하는 삶? 뭔가를 열심히 덕질함으로써 자기만족하는 그런 삶? 가끔 덕업일치를 단순히 취미 생활 정도로 여기는 경우가 있다. 하지만 그건 대단한 오해다. 이것이 왜 오해인지를 설명하기 위해선 '덕'과 '업'이 각각 무엇을 의미하는지 정리할 필요가 있다.

 우선 덕업일치에서 '덕'이란 '덕질'을 의미한다. 덕질이란 오타쿠(Otaku)를 한국식으로 바꿔 부르는 '오덕후'에서 파생된 말로, 열성적으로 좋아하는 분야에 파고드는 것을 의미한다. 오덕후는 원래 일본 애니메이션, 만화책, 게임, 소설 등을 광적으로 좋아하는 사람들을 일컫는 말이었다. 하지만 지금은 그 대상이 '취미 활동'의 전반으로 대폭 넓어졌다.

덕질은 무언가를 좋아하는 정도 그 이상이다. 가령 난 커피 마시는 것을 좋아하는 정도다. 그런데 '나는 커피를 좋아한다' 대신 '나는 커피를 덕질한다'고 표현하면 어떨까. 마치 커피를 매니악하게 좋아해서 다양한 원두의 맛을 모두 구별할 줄 알거나 커피 추출 방법엔 어떤 것이 있는지 다 아는 사람처럼 느껴지지 않는가? 여기에 덕질의 핵심이 있다. 덕질은 단순히 좋아하는 것을 넘어서 좋아하는 것을 꾸준히 파는 것을 의미한다. 이를 한 우물만 판다고 하여 '디깅(digging, 파다)'이라고도 부른다.

정리하면 덕질은 디깅이다. 쉽게 말해 내가 꽂힌 것이 있으면 그걸 계속 파는 것이다. 그렇다면 "나는 여행을 디깅하는 여행자다."와 "나는 동해 바다를 디깅하는 여행자다." 중 어느 쪽이 더 진심을 다해 여행을 좋아하는 사람인 것 같은가. 아마 후자를 선택했을 것이다. 우리가 앞서 모래시계 법칙을 활용해 내가 좋아하는 것의 범위를 대폭 좁혀서 특별하게 보이도록 만든 이유가 바로 여기에서 나온다.

'업'은 무엇일까? 덕업일치에서 업이란 '직업'을 뜻한다. 그렇다면 어떤 일이 '직업'으로 인정받기 위한 조건은 무엇이 있는지 생각해볼 필요가 있다. 우리가 직업을 갖는 수많은 이유 중 가장 핵심적인 것은 '물질적인 보상'이다. 우리는 시간과 능력을 팔아서 물질적인 보상(돈)을 얻는다. 자본주의 세상에서 돈은 곧 생계와 직결되기 때문에 이는 중요하다. 그래서 '직업'이라고 말하기 위한 첫 번째 조건은 바로 '경제성'이다.

하지만 우리가 딱 하루만 일을 하고 돈을 받았다고 해서 그것이 직업이라고 말할 수는 없다. 직업이 되기 위해선 한 번 하고 끝나는 것이 아니라 꾸준히 이어갈 수 있어야 한다. 그래서 두 번째 조건은 '지속성'이다. 즉, 어떤 일이 직업이 되기 위해서는 돈을 벌 수 있어야 하고 그것을 꾸준히 지속할 수 있어야 한다. 물론 여기에는 '좋아하는 것'에 대한 이야기는 없다. 아무리 하기 싫고 재미없는 일이라 할지라도 꾸준하게 돈을 벌 수 있다면 그건 내 직업이 될 수 있다.

만약 지금 내 직업이 나랑 잘 맞는 것 같지도 않고 크게 흥미도 못 느끼지만, 지금 받고 있는 급여에 3배 더 얹어 준다고 하면 그만두고 싶단 마음이 들까? 쉽지 않은 문제다. 사람마다 처한 상황이 모두 다르기 때문에 '그래, 아무리 싫어도 돈을 더 준다는데 해야지.'라고 생각할 수 있다. 물론 그때부턴 온갖 스트레스를 받고 힘이 들어도, 꾹 참고 그 일을 계속해서 하게 될 것이다.

그렇게 번 돈은 어떻게 될까? 뭔가를 성취해서 얻은 보상이라고 느껴지지 않아 괜히 허무해지거나, 혹은 고통에 대한 보상이라 생각하고 과소비로 이어질 확률이 높다. 그렇게 돈을 쓰고 또 다음 날 하기 싫은 일을 억지로 해야 한다. 돈은 많이 벌지라도 의미 없이 시간만 보낸다는 생각은 떨칠 수 없다. 그래서 직장인들의 몸과 마음이 그토록 지쳐가는 건 아닐까? 과연 이런 삶이 내가 바라던

삶인지 스스로 생각해볼 필요가 있다.

그렇다고 돈을 포기하라는 말이 아니다. 우리는 돈을 많이 벌어야 한다. 그래야 내가 하고 싶은 것을 할 수 있고, 먹고 싶은 것, 입고 싶은 것을 다 누릴 수 있다. 돈이 행복의 척도가 될 수는 없지만 돈이 없으면 불행한 것은 사실이다. 하지만 내가 좋아하는 것을 하며 돈을 많이 번다면 어떨까? 이야기가 완전히 달라진다. 어찌 보면 가장 이상적인 삶의 형태이지 않을까 생각한다.

그럼 여기서 문제 하나를 내겠다. A라는 사람이 가죽 팔찌를 너무 좋아한 나머지 취미로 가죽 팔찌 만드는 것을 배웠다. 그리고 팔찌를 열심히 만들어 플리마켓을 열고 하루 동안 사람들에게 판매했다. 그럼 A씨는 덕업일치의 삶을 살고 있다고 말할 수 있을까?

만약에 A씨가 가죽 팔찌를 꾸준하게 만들고, 수익 활동까지 지속적으로 할 수 있다면 덕업일치의 삶이라고 말할 수 있다. 하지만 하루 반짝 플리마켓을 여는 것에 그친다면, 아쉽지만 이는 덕업일치라고 말하긴 어렵다. 이제 어떤 느낌인지 감이 잡힐 것이다.

이것이 바로 '덕업일치의 삶'이다. 덕업일치는 단순한 취미 활동도 아니고, 내가 좋아하는 것만 하며 자기만족으로 그치는 삶도 아니다. 각자 좋아하는 것을 바탕으로 돈을 벌 수 있어야 하고(경제성), 꾸준히 이어갈 수 있어야 한다(지속성).

덕업일치를 성공한 사람들의 공통점은 뭘까

호텔을 체크아웃하고 집으로 돌아오는 지하철에서 하루는 이런 생각이 들었다.

'내가 정말 호텔을 세울 수 있을까?'

가슴 뛰는 목표를 잡은 것까진 너무 좋았다. 생각만 해도 설렌다. 하지만 당장 눈앞에 보이는 현실은 냉혹했다. 호텔을 세우기에 돈은 턱없이 부족하고, 건물이나 땅은 있을 리 없었다. 그야말로 가진 게 아무것도 없는 백지 상태였다. '지금 당장 내가 할 수 있는 것은 뭘까.' 고민에 쌓인 채 핸드폰으로 열심히 인스타그램을 구경하고 있었다. 우연의 일치였을까. 내가 호텔을 덕질하는 것보다 백배는 더 앞서 나가 덕질을 하는 사람을 발견했다.

그 사람은 안경을 덕질하고 있었다. 정확히는 빈티지 안경이었다. 덕질의 수준이 정말 상상을 초월할 정도였다. 수집한 빈티지 안경만 300여 개에 달했다. 그는 과거에 평범한 40대 직장인이었다. 일요일 오후만 되면 우울한 감정이 온몸을 감싸고, 휴가 마지막 날이면 창문 밖으로 뛰어내리고 싶었다고 한다. 그렇다고 해서 직장 생활이 잘 안 풀렸던 것도 아니었다. 직장에서 별 탈 없이 탄탄대로를 걷고 있었다. 하지만 점점 위로 올라갈수록 배움은 없었고, 정상에 가까워질수록 행복해지지가 않았다. 그는 결국 회사를 뛰쳐나와 안경 브랜드를 론칭했다.

내가 가장 놀랐던 사실은 따로 있었다. 그는 브랜드를 만들어나가는 모든 과정을 본인의 인스타그램에 공개했다. 또한 브랜드를 만드는 과정을 올리기 전부터 안경과 패션을 주제로 콘텐츠를 만들어 꾸준하게 올려왔다. 그를 관심 있게 보는 팔로워가 몇천 명이 아니라 몇만 명에 달했다. 그 결과 브랜드 론칭 첫날 약 4억 원의 매출을 올렸다. 광고 및 협찬으로 지출된 비용은 0원이었다. 순전히 그의 인지도만으로 일궈낸 결과다. 이 이야기는 프레임몬타나 대표 '몬타나 최'의 이야기다.

기분이 묘했다. 앞으로 내가 걸어나가야 할 길을 미리 보는 듯했다. 그러다 문득 '나보다 먼저 덕업일치의 길을 걷고 있는 다른 사람들의 이야기를 살펴보면 답이 나오지 않을까' 하는 생각이 들었다.

이번엔 떡볶이를 덕질하는 사람이 있었다. 대기업에 다니는 직장인이었던 그는 평소에 떡볶이를 너무 좋아했다. 전국의 떡볶이 맛집을 돌아다니며 떡볶이를 먹어보고, '떡볶이의 모든 것'이라는 온라인 카페까지 만들었다고 한다. 참 별의별 게 다 있네 싶어 검색해보니 회원 수가 무려 4만 명에 육박하는 카페였다. 회원들과 떡볶이 탐방을 가기도 하며, 모임을 기획하고, 색다른 떡볶이 문화를 만들고자 떡볶이를 집요하게 파헤치는 곳이었다.

여기서 더 충격적인 것은 그는 떡볶이 명인이 되겠다며 리어카 포장마차를 400만 원에 구매해 길거리 떡볶이 사업을 시작한다. 그렇게 떡볶이 브랜드를 만들었고, 그 브랜드는 바로 나도 한때 자주 다니던 떡볶이 프랜차이즈 '두끼'다. 두끼는 2020년 기준 연매출 2천억 원을 기록했다.

이 두 사람 모두 과거엔 평범한 직장인이었고, 처음부터 엄청난 능력을 갖춘 게 아니었다. 두 사람 모두 한 분야를 집요하게 파헤쳐가며 덕질을 했을 뿐이다. 그리고 여기에 좋아하는 걸 돈으로 바꾸는 결정적인 열쇠가 하나 있었다. 바로 '사람을 모았다는 것'이다. 뒤죽박죽 엉켜 있던 실타래가 깔끔하게 한 줄로 풀어지는 순간이었다. 그렇다. 생각을 해보니 호텔을 세우겠다고 말을 하긴 했지만 지금 난 아무것도 가진 게 없다. 그렇다면 내가 지금 당장 할 수 있는 것은 호텔을 직접 다녀보고, 기록하고, 관련된 책을 읽고 공부하는 것뿐이었다. 여기서 한 발짝 더 들어가니 생각이 명쾌하게 정리되었다.

'지금 당장 호텔을 세울 수 없다면, 미래에 나의 호텔에 올 사람들부터 먼저 모아야겠다.'

SNS로 사람 모으는 법

난 온라인에서 사람들을 모을 것이고, 그중에서도 사람들이 많이 모이는 SNS를 활용하기로 했다. 지하철에서 곧바로 인스타그램 계정을 하나 만들었고, 그곳에 내가 다녀갔던 호텔에 대한 이야기를 모두 다 기록하기로 했다. 처음 시작은 당연히 미미했다. 글에 달린 '좋아요' 3개 중 2개는 지인이고 나머지 하나는 내가 누른 것이었다. 하지만 덕업일치에 성공한 사람들을 따라 이 길이 올바른 방향이란 확신을 가지고 차근차근 사람들을 모으기 시작했다.

이렇게 사람을 모아온 덕분에 인생에서 한 번 올까 말까 한 소중한 기회들이 생겼다. 내 이름 석 자가 박힌 책을 쓸 수 있게 되었고, 더 많은 사람들이 좋아하는 걸 하며 살았으면 하는 마음으로 VOD 강의를 촬영하기도 하고, 이젠 호텔과 같이 협업 프로젝트를 진행하기도 한다. 내 인생에서 없을 것만 같았던 일들이 벌어지고 있다는 게 놀라울 뿐이다.

그렇다면 사람을 모으는 게 중요하다는 사실은 알겠는데, 왜 중요하다는 걸까?

지금 이 책을 읽고 있는 당신이 원하는 것은 '좋아하는 걸 하면서 사는 삶'이다. 더 구체적으론 '좋아하는 걸 하면서 돈을 벌어 사는 삶'이다. 여기서 핵심은 '돈을 버는 것'이다. 그럼 돈은 어디서 나올까? 사람에게서 나온다. 그럼 사람은 언제 돈을 쓸까? 이걸 알면 사람을 모아야 하는 이유가 명확해진다.

가령 우리가 온라인에서 사과 한 박스를 구매한다고 가정해보자. 인터넷에 들어가서 '사과'라고 검색하면 수만 가지의 사과가 나온다. 문제는 지금부터다. 사람들은 셀 수 없이 많은 사과 중에서 과연 '어떤' 사과에 돈을 쓰는지가 관건이다.

사과 전문가가 아닌 이상 대부분 처음 보는 사과 브랜드일 것이다. 이렇게 다양한 사과들은 각기 다른 스토리를 내세우며 고객들을 모은다. 어떤 곳은 3대째 과수원을 운영하고 있다고 하고, 어떤 곳은 100% 유기농을 내세우곤 한다. 하지만 이 정도만 보고 당신은 쉽게 구매 결정을 내리지 않을 것이다. 사과를 잘 알고 있는 지인의 추천을 받아 구매하거나 실제 구매 후기들을 쭉 살펴본 후 구매할 것이다.

이처럼 우리가 결정적으로 '그래 이걸로 사야겠다!'라고 마음먹는 순간은, 바로 제품이나 사람을 '믿을 수 있을 때'다. 그때 지갑이 시원하게 열린다. 이는 마치 처음 들어보는 브랜드보다 유명한 브랜드에 더 끌리고, 유명한 사람의 말에 더욱 믿음이 가는 것과 같은 이치다.

돈은 '신뢰'에 따르고, 신뢰는 '유명'에 따른다. 그리고 유명은 수많은 기회를 만들고 이는 다시 돈으로 이어진다.

다시 말해 누군가 나를 '믿을 수 있어야' 돈을 쓴다는 뜻이다. 나처럼 평범한 사람이 누군가에게 '신뢰'를 줄 수 있는 유일한 방법은 사람들을 모아 인지도를 쌓는 것이다. 그렇기 때문에 좋아하는 걸 하며 사는 사람들, 좋아하는 걸 돈으로 바꿔 승승장구하는 사람들을 보면 사람을 모았다는 공통점이 있었다. 나 또한 그 길을 걷고 있다.

이제 유명 연예인들만 사람들을 모을 수 있는 시대가 아니다. SNS를 활용해서 사람들을 차근차근 모으면 된다. 어떤 SNS를 활용해야 할지, 어떤 콘텐츠를 올려서 사람들을 모아야 할지에 대한 자세한 이야기는 이번 챕터 마지막에서 자세히 다루겠다.

다시 돌아와서, 모든 일이 그렇듯 시작은 미미할 수 있다. 나조차도 처음엔 팔로워가 10명도 채 되지 않았던 시절이 있었다. 빠르게 성장하고 싶어서, 빠르게 팔로워를 모으고 싶어서 조급해했지만 생각해보니 그럴 필요가 없었다. 왜냐하면 사람을 모으는 것도 중요하지만, 우리를 믿고 따라주는 사람들 즉, 진짜 '팬'을 모으는 게 더 중요하기 때문이다. 100명의 팔로워보다 진짜 팬 1명이 더 중요하다. 진짜 팬이 된 누군가는 자발적으로 홍보대사가 되어 주변 사람들에게 "이 사람 좀 봐봐."라며 당신을 알리기 시작한다. 당신이 가슴 뛰는 목표를 향해 한 걸음 걸어나갈 때 옆에서 응원하며 열렬히 지지해준다. 그 덕에 계속해서 정진할 수 있는 힘이 생긴다.

그러니 당신의 팬이 단 1명뿐일지라도 그 한 사람을 위해 최선을 다한다고 생각하면 된다. 그렇게 팬이 1명에서 2명, 2명에서 4명, 16명, 256명 두 배가 아닌 제곱으로 늘어나게 될 것이다. 당신을 믿어주는 팬이 점점 쌓이면 어떤 결과가 벌어질까? 거짓말같이 좋은 기회들이 잇따라 생기고 그 기회를 통해 돈까지 따라오게 된다. 그리고 결국은 최종 목표까지 이룰 수 있게 된다.

정리하자면 가진 것 없는 지극히 평범한 사람이 성공적인 덕업일치의 삶을 사는 가장 간단한 방법은 바로 '사람(팬)을 모으는 것'이다. 이게 핵심이다.

덕업일치를 실패한 사람들의 공통점은 뭘까

 난 행동하기 전에 잡생각을 너무 많이 했다. 그리고 생각만 하다가 결국 아무것도 하지 않고 침대에 누워 있기 바빴다. 어차피 1년은 365일. 오늘만 날이 아니지 않는가. 오늘은 조금 쉬고 내일 하면 되지 뭐. 유튜브를 켰다. 유튜브에 '실패하는 사람들의 특징'이라는 문구를 담은 자극적인 썸네일이 눈에 들어온다. 내 얘기는 아니겠지만 들어나 보자는 마음으로 아무 생각 없이 클릭했다. 그리고 두들겨 맞았다. 영상의 내용은 이러했다. 너무 충격적이어서 아직도 기억이 생생하다.

 "실패하는 사람들은 알려줘도 안 한다. 제발 좀 해라. 행동만 하면 되는데 왜 안 하는지 당최 이해할 수가 없다. 어디서 그런 창의력이 나오는지 핑계는 또 기가 막히게 잘 만들어낸다. 지금 당장 들어오는 돈이 없다고 중간에 포기하는 경우도 있고, 생각보다 팬들이 모이지 않아서 그만두는 경우도 있다. 그리고 생각만 실컷 하다가 결국 아무것도 못 하고 접는 경우도 상당히 많다.

고작 몇 개월만 투자하면 인생이 조금씩 달라지는 것을 체감할 수 있는데 너무 쉽게 포기하는 걸 보면 진심으로 안타깝다. 어떻게 하루아침에 원하는 목표를 이루길 바라며, 돈을 벌기를 바랄 수 있을까. 집에서는 맨날 침대에 누워가지고 넷플릭스나 보고 옷 쇼핑이나 하고 있을 텐데…. 그러고 나면 또 돈 없다고, 돈이 없어서 못 한다고 할 거 아니냐. 제발 그러지 좀 마라. 차라리 그 시간에 조금이라도 자기가 좋아하는 거 연구해서 콘텐츠 만들고 인지도 쌓을 생각을 해야지. 아니다. 그냥 누워 있을 거면 잠이라도 자라. 적어도 잠이라도 자면 쓸데없이 돈도 안 쓰고 다음 날 컨디션도 챙길 수 있으니까 그게 더 낫겠다.

'오늘은 피곤하니까', '내일 하면 되지 뭐'라고 하면서 아무것도 안한다. 지금이야 몸은 편할지 모르겠지만 그렇게 하루가 지나고 일주일이 지나고 한 달이 지나간다. 지금 이 영상을 보고 있는 여러분들의 삶은 내일도 똑같고 일주일 뒤에도 똑같을 것이다. 이건 악담을 하는 게 아니라 있는 그대로를 이야기하는 것이다. 제발 그러니까 이 영상도 뒤에 더 보지 말고 꺼라. 지금 바로 일어나서 뭐라도 해라."

지금 내가 뭘 본 거지. 지금 내 얘기하는 건가. 영상만 봤을 뿐인데 두들겨 맞은 듯이 몸이 아픈 것 같다. 이 영상을 보고서는 침대에 누워 있을 수가 없었다. 유튜브의 소름 돋는 알고리즘 덕분에 '실패하는 사람들의 특징'이라는 주제의 영상이 계속 쏟아져 나왔다.

좋아하는 것을 하며 살기 위해선 바로 행동으로 옮기는 능력도 꽤나 중요하다. 우리는 앞서 완벽한 계획을 세울 필요 없이 '지금 당장' 할 수 있는 것에 집중하자고 약속했다. 그렇지만 막상 행동으로 옮기자니 '이게 과연 될까?', '안 되면 어떡하지?' 하는 걱정이 드는 것도 사실이다. 그런데 생각해보니 실패마저도 시도를 해봐야 겪을 수 있는 것이다.

"아무것도 하지 않으면 아무 일도 벌어지지 않는다."

그래서 나는 평소에 해보지 않은 행동을 해보기로 다짐했다. 이렇게라도 해야 '할까 말까 지옥'에서 탈출할 수 있을 거라 생각했기 때문이다. 때마침 모니터 화면에 제주도 왕복 비행기 티켓을 15,000원에 판다는 광고가 보인다. 원래 같았다면 이런 광고는 절대 들여다보지 않았겠지만 '일단 그냥 해보기로 했지!'라는 생각을 하며 클릭했다.

그리고 이틀 뒤, 나는 제주도에 도착했다. 그리고 제주도에 머무는 4박 5일 내내 비가 내렸다. 평소에 해보지 않은 행동들을 억지로 하기 시작했다. 렌터카 하나를 빌릴 때도 이것저것 미리 알아보는 편이지만, 그런 거 없이 다짜고짜 찾아가 지금 빌릴 수 있는 차가 있는지 물어본다. 없단다. 당황하긴 했지만 다른 곳에서 빌리면 된다고 스스로 위로하며 발걸음을 옮긴다. 어찌어찌 차는 빌렸다. 혼자 타기에 거대한 차였지만 상관없다. 이동만 할 수 있으면 된다.

차를 빌려 자유롭게 이동할 수 있게 되니 제주에서 해 뜨는 풍경이 보고 싶어졌다. 새벽같이 일어날 자신이 없어 호텔에서 밤을 새웠다. 차를 끌고 해가 잘 보인다는 곳으로 갔다. 드디어 제주에서 일출을 보는 것인가, 싶었지만 구름에 가려서 못 봤다. 괜찮다. 이왕 이렇게 된 거 낮에 해안도로를 따라 달리며 바다를 보기로 한다. 앞이 보이지 않을 정도로 비가 쏟아졌다. 모든 차들은 비상등을 켠 채 달리고 있었다.

평소 같았으면 '오늘은 뭐 뭐 해야지' 하며 계획을 세우곤 했겠지만 아무 계획도 세우지 않았다. 그래서 시간이 붕 뜨기도 하고, 제주까지 와서 서울에서도 먹을 수 있는 음식을 먹기도 했다. 그런데도 이상하게 마음이 개운했다.

저녁엔 호텔 안에 있는 펍에 가서 혼자 위스키 한잔 마시며 글을 써보고 싶었다. 뭔가 멋있을 것 같았다. 평소에 마시지 않는 위스키를 시켜 마신다. 위스키가 너무 써 인상이 찌푸려진다. 막상 마셔보니 위스키는 나랑 맞지 않았다. 맥주나 마실 걸 그랬다는 생각을 한다. 그 와중에 흘러나오는 음악이 너무 좋아서 핸드폰으로 검색을 해보지만 아무리 찾아도 나오지 않는다. 직원분에게 이 음악이 뭔지 물어본다. 모르는 사람에게 말 거는 데 쥐약인 내가 처음 본 사람과 서슴없이 이야기를 나누는 모습을 보며 새삼 놀랐다.

불과 며칠 사이에 '할까 말까 병'이 조금씩 고쳐지고 있다니⋯. 새로운 걸 시작하는 것에 대한 두려움이 점점 사라지는 기분이었다. 제주에 있는 짧은 기간 동안 중요한 한 가지를 깨달았다.

망설이는 동안 놓치는 소중한 순간들이 많다는 것. 그리고 망설여봤자 남는 건 후회뿐이라는 것. 망설이지 않고 바로 행동으로 옮겼을 때의 결과가 좋았는지 나빴는지는 중요한 것이 아니었다. 결과가 좋든 그렇지 않든 모두 하나의 '경험'이 된다. 일단 하는 게 중요했다. 적어도 '그때 해볼 걸'이란 후회가 남지 않고 새로운 경험이 쌓여 나는 한 걸음 더 성장할 수 있었다.

서울로 다시 돌아와 나는 더 이상 침대에 누워 있지 않았다.

할까 말까 망설여질 때면 제주도에서의 경험과 나를 두들겨 팼던 영상을 떠올리며 일단 행동으로 옮기고 봤다. 존 F. 케네디는 약 50년 전에 인간을 달로 보냈다. <u>저지르면 어떻게든 된다.</u>

만약 당신 또한 과거의 나처럼 행동으로 쉽게 옮기지 못하고 '할까 말까 병'에 걸려 있다면, 나는 당신에게 딱 한 가지만 권하고 싶다. 범법 행위를 제외하고 '평소에 잘 하지 않았던 행동'을 한 번만 눈 딱 감고, 결과를 생각하지 않고, 행동으로 옮겨볼 것. 생각보다 큰일은 벌어지지 않고, 그 결과가 좋지 않더라도 하루아침에 인생이 망하지도 않았다. 오히려 개운하다. 그리고 더 거침없이 도전하게 된다. 그렇게 한 걸음씩 앞으로 나가는 것이다. 심지어 시도만 했을 뿐인데 주변 사람들은 당신을 부러워하고 멋지다고 생각하게 된다. '할까 말까 병'을 고치고 나면 더욱 빠르게 좋아하는 걸로 돈을 벌 수 있다. 성공적인 덕업일치의 삶은 멀리 있는 게 아니다. 바로 지금부터다.

때마침 창밖에 보이는 나이키 매장엔 이런 문구가 붙어 있다. "JUST DO IT." 일단 해야 한다!

열정이 작심삼일로 끝나지 않으려면

과거의 나는 뭔가 새로운 것을 시작하면 주변 사람들에게 알리지 않았다. 일이 잘 풀리지 않았을 때 괜히 민망해질 거라는 생각이 첫 번째. 그리고 주변에서 온갖 훈수를 두는 것을 사전에 방지하기 위함이 두 번째. 마지막으로 진행 중인 일이 어느 정도 완성되었을 때 멋지게 '짠!' 하고 공개하고 싶었기 때문이다.

그래서 소리 소문 없이 시작했고, 정말 말 그대로 어떤 소리도 소문도 없이 프로젝트가 무산되는 경우도 많았다. 결정적으로 일이 잘 풀리지 않을 때마다 '그래 어차피 아무도 모르는데 조용히 접자.'라는 생각이 머릿속을 지배했다. 그렇게 나를 쉽게 포기하게 만들었다. 그러고 나서 시간이 지나 술자리에 가선 "나 예전에 그거

해봤는데~"라며 아는 척, 유식한 척을 하곤 했다. 지금 돌이켜보면 부끄럽기 짝이 없다. 객관적으로 보면 결국 아무것도 한 것이 없는데 말이다. 그럼에도 불구하고 나는 항상 '새로운 시도를 하는 사람'이라는 착각 속에 살고 있었다.

하지만 이번엔 다르고 싶었다. 과거의 나와 180도 다른 모습을 보여주고 싶었다. 어떠한 풍파가 들이닥쳐도 내가 갈 수 있는 데까지 가보고 싶었다. 이건 나와의 약속이었고, 약속이 강하게 자리 잡아 '신념'으로 남았다. 이번엔 놓치고 싶지 않았다. 이것마저 중간에 포기해서는 안 된다는 생각에 작심삼일로 끝나지 않기 위한 나름의 팁을 찾았다. 이 나름의 팁은 생각보다 강력했고, 나를 계속해서 움직이게 만들어주는 모터가 되었다.

바로 '나의 목표를 주변 사람들에게 말하고 다니는 것'이다.

실제로 '호텔을 세우겠다'는 목표를 주변 지인들에게 말하고 다녔을 때 돌아오는 반응은 가지각색이었다. 뜨악하는 사람도 있는가 하면, 내 얘기를 듣고는 본인은 뭘 하며 살면 좋을지 갑자기 자아 성찰을 하는 경우도 있었다. 나중에 내가 몸집이 커지면 도와줄 수 있는 사람들을 알려주겠다며 선뜻 미리 손을 내미는 사람도 있었다. 놀라웠다. 그저 말만 했을 뿐인데 벌써부터 다양한 일들이 벌어지려고 꿈틀거리고 있지 않은가! 내가 만약 과거의 나처럼 소리 소문 없이 호텔을 덕질했다면, 아마 난 또 다시 '에이 이거 해서 뭐 되겠어.' 하며 쉽게 포기했을 것이다.

그렇다. 당신이 덕업일치의 삶을 왜 살고 싶은지, 어떻게 할 것인지 주변 사람들에게 알리고 다닐 필요가 있다. 수십 년을 넘게 같이 산 부부도 말을 하지 않으면 서로의 생각을 알 수가 없다고 하는데, 주변 사람들은 오죽할까. 말하지 않으면 아무도 알 수 없다. 처음엔 자신의 목표와 비전에 대해서 말하고 다니는 게 부끄러울 수 있다. 충분히 이해한다. 사실 나 또한 누군가에게 내 목표를 말한다는 것 자체가 낯간지럽고 수줍기까지 했다. 말하면 안 될 것 같은 비밀을 말하는 기분이 들었다. 그래서 어떻게 하면 덜 부끄러워할 수 있을까 고민했다.

그리고 다음과 같은 순서대로 소문을 내기로 했다. 첫 번째는 친한 지인들에게 먼저 말을 했다. 일단 말을 꺼내기 시작하면 본인 스스로도 긍정적인 에너지가 생기기 마련이다. 지인들에게 말을 하면서 오히려 더 자극받는 경우도 있었다. 차츰 익숙해지면 친하진 않지만 어쩌다 만난 사람들 그리고 일하다 알게 된 사람들(사회적인 관계)로 대상을 넓혀나간다. 작은 연결 고리들을 미리 만들어 놓는다고 생각하면 마음이 편하다. 언제 어디서 그 사람들이 당신에게 손길을 내밀지 알 수 없다. 누군가 당신의 목표와 비전에 대해 듣고 자신의 지인에게 이야기를 다시 전달할 수도 있다. 그렇기 때문에 우선 말하고 다녀야 한다. 결정적으론 이렇게 동네방네 소문 내고 다닌 후에 우리가 과연 쉽게 포기할 수 있을까?

입으로 알리고 다녔다면, 그다음은 온라인 세상이다. 앞서 우린 SNS를 활용해서 콘텐츠를 올리고 인지도를 쌓을 것이라고 했다. 내 콘텐츠를 봐주는 소중한 사람들에게도 나의 행보에 대해 말해보자. 생각보다 많은 사람들이 응원의 목소리를 내줄 것이다. 그리고 당신의 변화를 유심히 지켜봐줄 것이다. 이 효과는 상당하다. 좋아하는 것을 하며 살다가 힘이 들 때, 중간에 다 내려놓고 싶을 때 엄청난 자극제가 되기 때문이다. 포기하지 않고 꾸준히 앞으로 나아가기 위해선 이곳저곳에 말하고 다녀야 한다.

그러나 모든 사람이 나와 같은 생각을 하고 사는 건 아니다. 누군가 당신의 목표에 반대 의견을 낼 수도 있다. 기껏 좋은 마음으로 나의 포부에 대해 털어놨는데 상대방의 반응이 시큰둥하거나, 말도 안 되는 소리 하지 말라며 소금을 착 뿌릴 수도 있다. 그런 반응이 돌아오면 당연히 힘이 빠질 수밖에 없다. 그럼 어떻게 말을 해야 긍정적인 에너지와 피드백을 받을 수 있을까? 여기엔 약간의 요령이 필요하다.

1. 잽 말고 카운터펀치 한 방

권투에선 잽으로 상대방과 나의 거리를 계산하고 빈틈이 보였을 때 상황을 뒤집어버리는 결정타 한 방을 날린다. 그리고 그 결정타 한 방 때문에 드라마틱한 역전극이 벌어지기도 한다. 하지만 우리는 잽을 날릴 시간이 없다. 상대방의 흥미를 확 끌기 위해선 잽을 날리기 전에 카운터펀치부터 날려 상대가 정신을 못 차리게 만들어야 한다. 강력한 한 방을 맞은 상대방은 내 말에 끌려올 수밖에 없다. 때에 따라 다르지만 간혹 감동까지 받는 사람도 있다.

과정에 대한 이야기는 뒤로하고 말의 서두에 목표부터 던지는 것이 핵심이다. 이 방법은 부정적인 피드백을 최소화하고 사람들로 하여금 나를 응원하게끔 만드는 방법이다. 지인과 이야기를 나누려고 술자리를 함께 한 적이 있다. 그리고 그 자리에서 대뜸 "나 호텔 세우기로 했어!"라고 던졌다. 이때 상대방의 표정이 꽤나 재미있었다. 보통은 멍한 표정이다. 이야기를 들은 상대는 '어떻게 호텔을 세운다는 거지?'라는 생각과 동시에 반대할 의견을 제시하고자 수만 가지 질문을 생각하고 있을 것이다. 그때가 바로 빈틈이 생기는 순간이다. 상대가 입을 떼기 전에 자연스럽게 내가 왜 호텔을 세우기로 했는지 그 이유에 대해 편하게 이야기하면 된다.

만약 카운터펀치부터 날리지 않고 쨉부터 열심히 날린다면 어떤 상황이 벌어질까? "사실은 내가 이러해서, 이렇게 하려고 하는데 어쩌고 저쩌고…" 하는 순간 상대는 금방 지루해진다. "여기 소주 한 병 더요!"라는 말이 나오지 않으면 다행이다. 상대가 지루해하면 말하는 나도 맥이 탁 풀리게 된다. 지인도 이럴 텐데 일하다 알게 된 사람들은 오죽할까?

좋아하는 것을 하며 살다 보면 관련 분야에 종사하는 사람을 만날 일도 생기기 마련이다. 그땐 살짝 얘기가 다르다. 다짜고짜 카운터펀치를 날리면 이제 앞으로 둘 사이엔 건널 수 없는 거리가 생길 것이다. 경험상 틈이 생길 때까지 기다리는 게 효과적이다. 하지만 참 다행이게도 보통은 먼저 물어온다. "이렇게 활동하는 이유가 궁금해요."라며 말이다. 지금이다. 이때 카운터펀치를 날리면 된다. 이렇게 카운터펀치를 날리는 이유는 시간이 지나도 내가 떠오를 수 있게 각인하기 위함이다. 어느 날 우연히 내가 떠올라 도움을 줄 수 있을지 누가 알까. 최대한 작은 연결 고리들을 확실하게 걸어놓는 것이 중요하다.

사람들은 희한하게도 자기 이야기를 해보라고 하면 대서사시를 쓰곤 한다. 듣는 사람의 입장도 고려해야 한다. 회사에서 프레젠테이션을 할 때 목적부터 명확하게 전달해 이목을 끌어야 하는 것과 마찬가지다. 과정을 먼저 말하기 전에 결론부터 치고 들어가자.

2. 걱정은 감사로

물론 카운터펀치를 날리는 방법이 통하지 않는 경우도 있다. 아무리 센 카운터펀치를 날려도 나보다 덩치가 몇 배나 큰 사람이면 그들에겐 쨉으로 느껴질 것이다. 그들은 나를 걱정해준다는 이유로 내가 세운 목표와 비전에 대해 조목조목 구체적이고 친절하게 반박한다. 생각보다 너무 상세하기도 하고 심지어 맞는 말도 있어서 눈물이 찔끔 날 것 같다. 내가 시무룩해질수록 상대는 의기양양해질 것이다. 물어뜯고 싶겠지만 덤비려 들면 안 된다. 상황만 더욱 악화될 뿐이다. 그럼 이럴 때는 어떻게 해야 할까?

"감사합니다." 이 한 마디면 된다. 그리고 여기서 중요한 포인트가 있다. 상대가 전혀 틀린 말을 한 게 아니라면 받아들이자. 가방에서 종이와 펜을 꺼내 상대가 보는 앞에서 받아 적어라. 상대방의 의견을 귀담아듣고 있다는 뜻이다. 자기 이야기를 잘 들어주는 사람에겐 호감이 생기기 마련이다. 효과는 상당할 것이다. '이 사람 정말 진심이구나.'라고 전해지는 순간 날카로운 가시를 꺼내려던 상대는 나에게 더 도움이 되는 조언을 해줄 것이다. 걱정은 감사로 받아치자.

하지만 이 모든 것은 내가 나의 목표와 비전에 대해 '확실하게' 이야기했을 때를 전제로 한다. 그래서 마지막 한 가지 요령이 더 남아 있다.

3. 횡설수설하지 말자

목표를 말하고 다니기 전에 다시 한번 나를 돌이켜볼 필요가 있다. 상대방은 나의 이야기를 듣기 위해 소중한 시간을 쓰고 있다는 사실을 잊어선 안 된다. 그 앞에서 횡설수설하고 있으면 어떨까. 말을 안 하느니만 못할 것이다. 그렇기 때문에 내가 정말 준비가 되었는지 살펴봐야 한다. 여기서 말하는 준비는 '내가 왜 좋아하는 것을 하며 살고 싶은지를 명확하게 하는 것'이다. 마치 내가 호텔을 세우기 위해서 호텔을 덕질하는 것처럼 말이다. 그렇기 때문에 내가 세운 목표를 점검해보면 명확하게 의사를 전달하기가 한결 수월해진다.

이렇게 우린 꾸준히 앞으로 나아가야만 하는 환경을 만들었다. 더 많은 사람들에게 나의 목표와 비전에 대해 말하고 다닐수록 그 말에 책임을 져야 한다는 생각이 들 것이다. 그리고 그 책임을 지기 위해서라도 우린 쉽게 포기하지 않을 것이다.

여기까지 성공적인 덕업일치의 삶을 살기 위한 세 가지 요소를 알아보았다. 첫 번째는 '사람을 모으는 것', 두 번째는 '거침없이 행동하는 것' 그리고 마지막 '쉽게 포기하지 않도록 소문을 내고 다니는 것'.

누군가 나에게 이 이야기를 해줬더라면 더 빠르게 성장할 수 있지 않았을까 생각한다. 이 세 가지를 몰랐기 때문에 깜깜한 어둠 속을 걷는 기분이었다. 그러니 막막할 수밖에 없었다. 적어도 이 책을 읽고 있는 여러분들만큼은 그러지 않았으면 하는 마음이다. 좋아하는 걸 하며 살기 위한 방법은 생각처럼 복잡한 것이 아니었다. 특별한 비결이나 비법이 있는 것도 아니었다. 누구나 할 수 있는 방법들이었다.

시간과 돈은 얼마나 투자해야 할까

 시작이 있으면 끝도 있는 법이다. 입사를 위해 취업 준비에 뛰어들었다면 '취업 준비'가 시작이고 '입사'가 끝일 테다. 끝을 향해 달려가기 위해 그리고 그 끝을 보기 위해 시간과 돈을 투자했다. 그리고 그 끝은 또 다른 시작으로 이어진다. 시작과 끝이 있기 때문에 방향이 틀어지지 않고 쭉 달려나갈 수 있었다. 그리고 끝에 도달했을 때 그 '성취감'은 이루 말할 수 없이 기쁘다. 이 맛에 사나 싶기도 하다. 좋아하는 걸 하며 사는 삶이라고 해서 크게 다를 바 없다.

 호텔을 돌아다니며 SNS에 지속적으로 콘텐츠를 올리다 보니 나를 봐주는 소중한 팬들이 조금씩 늘어나기 시작했다. 그러다 보니 종종 질문을 받기도 했는데, 그중 이런 질문이 가장 많았다.

"저도 덕업일치의 삶을 살고 싶은데 시간과 돈을 얼마나 투자해야 하나요?"

실제로 나에게 호텔에 돈을 얼마나 썼는지 물어보는 사람들도 있었다. 그러나 "100만 원만 쓰면 덕업일치의 삶으로 인정합니다."라며 자격증을 주는 것이 아니기 때문에 정해진 답은 없다. 하지만 한 가지 확실한 건 있다. 좋아하는 일에 투자하는 것은 단기 투자가 아니다. 장기적으로 봐야 한다. 내가 지금 100만 원을 썼다고, 한 달 뒤에 원금을 회수하고 추가 수익까지 내겠다고 한다면 이 길은 쉽지 않을 것이다. 불가능하다고 단언하고 싶다.

우리가 앞서 '가슴 뛰는 목표'를 잡은 이유는 '끝'을 설정하기 위해서였다. 이 끝을 보기 위해 시간과 돈을 투자할 것이다. 우린 지금 몇 달 안에 큰돈을 벌겠다고 하는 것이 아니다. 궁극적으로 정말 내가 좋아하는 걸 하면서 먹고사는 삶을 지향한다. 멀리 내다봐야 한다. 우린 지금 '인생'이 걸린 문제에 대해 논하고 있다.

그림 그리는 것을 좋아하는 A가 있다고 가정해보자. A가 용돈 벌이를 하며 그림을 그리겠다면 사실 방법은 많다. 본인이 그린 그림을 온라인에 올려 판매할 수 있다. 원데이 클래스를 열어 사람들을 가르칠 수도 있다. 혹은 그림을 잘 그리는 비법을 영상으로 담아 그 영상을 판매할 수도 있다. 그렇게 A는 이 방법 저 방법으로 돈을 벌기 시작했다. 하지만 돈을 위해서 그림을 그리는 것인지 내가 좋아서 그림을 그리는 것인지 점점 헷갈린다. 결국 흐지부지 되고 만다.

마찬가지로 그림 그리는 것을 좋아하는 B가 있다. B는 지금 회사를 다니고 있다. B는 어렸을 때부터 그림 그리는 데 관심이 많았다. 하지만 이런저런 상황 때문에 막연하게 그림을 그리고 싶다는 생각만 해왔다. 그러다 어느 날 '내 이름을 건 전시를 열고 싶다'는 목표가 생겼다. 그래서 퇴근 후 그림을 그리기 시작했다. 나에게 어떤 그림이 잘 맞는지, 나는 그림을 왜 좋아하는지 심도 깊게 고민한다. 그의 목표는 오로지 '전시'다. 전시를 열기 위해 한 걸음씩 나아간다.

B의 실력은 차츰 늘어가고, 그 성장 과정을 모두 기록하여 온라인에 공유한다. 사람들이 모이기 시작한다. 그렇게 입소문을 타고 어느 한 갤러리의 초청을 받아 결국 전시를 열게 되었다. 그 다음 행보는 어떨까? 원데이 클래스, 온라인 판매, 강의 등은 알아서 따라온다. B는 또 다른 전시를 준비하며 작품 활동을 이어간다. B의 작품 활동에는 흔들림이 없다. 왜냐하면 좋아하는 것에 대한 고찰이 있었고 확실한 목표가 있었기 때문이다.

분명 A와 B는 둘 다 그림 그리는 것을 좋아했고, 좋아하는 것을 하며 살고 있다. 똑같은 덕업일치인데 결과가 다른 이유는 뭘까? 돈이 목표가 되는 순간 시야가 좁아지고 단기적인 결과에 연연하게 된다. 그리고 '내가 이 일을 왜 하는가'에 대한 질문에 답을 내지 못한다. 결국 흔들린다.

얼마나 투자를 해야 할까에 대한 나의 답은 간단하다. <u>목표를 이룰 때까지 투자는 지속되어야 한다.</u> 돈만 투자한다고 되는 게 아니다. 시간을 꾸준히 투자하는 게 관건이다. 좋아하는 것으로 돈을 벌었다면 또 다시 재투자를 해야 한다. 돈을 한 번 벌었다고 재투자를 멈추는 순간 성장도 멈춘다고 보면 된다.

TV 프로그램 〈백종원의 골목식당〉에서 백종원 선생님께선 식당으로 돈을 벌었으면 그 돈의 일부는 다시 식당에 재투자를 해야 한다고 했다. 더 좋은 재료를 구입하든, 시설을 정비하든 말이다. 그렇게 발전하는 모습을 보여주고 신뢰를 얻게 되면 더 많은 손님들이 찾아오고 더 큰 돈을 벌 수 있다.

하지만 수중에 돈이 들어오면 사람의 마음은 흔들리기 마련이다. 사고 싶었지만 참고 있었던 것들이 눈에 들어오고, 어차피 또 그만큼 벌 수 있다는 생각에 필요 이상으로 소비를 하게 된다. 이는 자연스럽게 '돈'에 대한 갈망으로 이어지고 식당은 더 큰 이윤을 남기기 위해 재료를 저렴한 것으로 고르고, 서비스를 최소화하기 시작한다. 힘들게 쌓아온 공든 탑이 서서히 기울어지는 순간이다. 악순환으로 빠지지 않고 더 큰 부를 쌓기 위해선 '재투자'는 필수다.

정리하면, 처음에 좋아하는 것에 투자를 한다. 실력을 키우고 돈을 벌기 시작한다. 번 돈을 다시 좋아하는 것에 투자해서 실력을 더 키운다. 그렇게 당신은 점차 넘볼 수 없는 실력자가 될 것이고 자연스럽게 더 큰 부를 쌓는다. 이것을 계속해서 반복하는 것이다. 이것은 어쩌면 가장 기초이자 불변의 성공 법칙이지만 사람들이 정면으로 마주하지 않는 법칙이기도 하다. 거듭 강조하지만 투자는 계속 이뤄져야 한다.

아직 나도 호텔을 세우기 위한 과정을 걷고 있다. 호텔과 협업하거나, 콘텐츠 발행으로 들어온 수입은 다시 호텔을 방문하는 데 재투자를 한다. 그리고 다시 콘텐츠를 만들고 사람들에게 알려 팬을 모아 몸집을 키운다. 그리고 이것을 계속해서 반복하고 있다. 나는 호텔을 세울 때까지 이 과정을 반복할 예정이다. 그러니 여러분도 나와 같이 이 불변의 성공 법칙에 올라타보자.

일을 재미로만 할 수 있을까

하루는 오랜만에 친구들과 술자리를 가진 적이 있다. 대학 시절엔 특별한 약속 없이도 매일 보던 친구들인데, 이제 각자 삶의 방식이 모두 다르다 보니 한 번 모이는 게 그렇게 힘들어졌다. 회사에 가서 적응이나 잘할 수 있을까 싶었던 친구가 어느덧 연차가 꽤나 쌓여 있는 걸 보면 신기했다. 맨날 모여 학교 과제 얘기만 했던 우리가 이젠 직장 이야기를 하고 있다니 한편으론 대견하기도 했다.

그렇게 술이 한두 잔 들어가면 이제 본격적으로 '사는 이야기'가 시작된다.

"요즘 사는 건 좀 어때? 하는 일은 재밌고?"

"일을 재미로 하냐. 그냥 하는 거지."

"야, 그래도 너는 좋겠다. 네가 좋아하는 일 하니까 재밌을 거 아니야."

생각이 많아지는 순간이다. 재미의 기준이 즐거운 것이라면 나는 덕업일치의 삶은 재미없는 과정이라고도 말하고 싶다. 물론 좋아하는 것을 하는 순간만큼은 무척 재미있다. 이보다 더 재미있는 게 있을까 싶다. 하지만 좋아하는 일이 업으로 바뀌는 순간 얘기가 달라진다.

직업이 되는 순간 소명의식이 생기고 책임감이 뒤따른다. 일이란 어찌 되었든 결과가 나와야 하는 것이고, 최상의 결과를 보여주기 위해 열과 성을 다해야 한다. 이 결과에 따라 나의 앞길이 좌우되기 때문에 더 치열하고 더 냉정하게 달려들어야 한다. 그 과정 속에선 당연히 시행착오도 따르기 마련이고, 중간에 포기하고 싶다는 생각을 셀 수 없이 자주 하기도 한다. 호텔을 세우겠다는 목표 하나만 바라보고 견디면서 묵묵히 앞으로 나아가고 있는 것뿐이다. 만약 그냥 즐겁게 사는 게 좋고, 돈을 많이 벌겠다는 큰 욕심도 없다고 한다면 그저 소소하게 재미를 좇고 즐겨도 괜찮다. 각자 삶의 방향이 다른 것뿐이다.

하지만 이루고 싶은 가슴 뛰는 목표가 있거나, 그 목표를 달성하고 싶은 욕심이 있다면 단순히 '재미만' 좇을 순 없다. 조금이라도 더 잘하기 위해 땀 흘려가며 노력하는 그 과정들은 힘들고 어렵다. 하지만 과정은 재미없을지언정 목표를 달성하는 그 순간부터는 본격적으로 재미있어진다. 내가 좋아하는 분야에서 인정받기 시작하고, 사람들의 환호를 받으며 180도 다른 삶을 살게 된다.

"나는 농구를 단 한 번도 즐겨본 적이 없다."

한국 농구의 국보급 센터 서장훈 선수가 했던 말이다. 가장 좋아하고 가장 잘하는 것을 하는 그마저 농구를 즐겨본 적이 없다니. 더 잘하기 위해 끊임없이 연습하고 고된 훈련을 반복해가며 포기하고 싶은 순간을 이겨내고 나니 정상의 위치에 오를 수 있었다. 어쩌면 좋아하는 것을 하며 사는 사람들이 재미있어 보이는 이유는 완성된 결과만 보았기 때문은 아닐까?

나는 일주일에 호텔 4곳을 옮겨 다닌 적도 있다. 힘든 줄도 모르고 좋아하는 마음 하나만으로 달려왔다. 34주 연속 호텔을 다녔으니 주변에서 "너 진짜 미쳤구나."라는 말도 듣곤 했다. 하지만 이렇게 호텔에 미쳐 있던 나도 호텔과 잠시 거리를 둔 적이 있었다. 아직도 그때의 기억이 잊히지 않는다.

밤이 되면 제법 쌀쌀해지는 11월이었다. 그때도 어김없이 예약해놓은 강원도의 한 호텔을 향해 가는 중이었다. 차가 너무 밀렸던 탓에 호텔에 도착하자마자 콘텐츠 소재를 찾아보지도 못한 채 잠이 들었다. 그리고 눈을 뜨니 체크아웃할 시간이었다. 로비에 잠시 앉아 멍을 때렸다. 다른 사람들은 하하호호 웃으며 이번 호캉스 너무 재밌었다며 행복하게 호텔 밖으로 나가고 있었다.

생각해보니 다른 사람들에게 호텔은 '쉬러 오는 곳' 그리고 '놀러 오는 곳'이었다. 하지만 나에게 호텔은 '일하러 오는 곳'이자 '사무실'이다. 어느 순간부터 호텔을 갈 때 설레는 마음과 책임감이 공존하게 되었다. 방문한 호텔을 제대로 분석해 사람들에게 도움이 되는 콘텐츠를 만들겠다는 생각 때문이었다. 호텔을 좋아한 이래로 호캉스를 해본 적이 없었다.

눈에 보이는 게 전부가 아니다. 우린 한 번 사는 인생, 좋아하는 일로 돈을 벌어 당당하고 멋지게 살고 싶어 한다. 하지만 그 멋진 모습의 이면엔 고통과 인내의 시간이 있다는 것도 잊어선 안 된다.

그러니 당신이 좋아하는 일이 직업이 되는 순간 마냥 재미있을 수만은 없다. 그래도 하기 싫은 일을 억지로 하는 것보단, 내가 좋아하는 걸 하며 산다는 것 자체만으로 우린 충분히 행복한 삶을 사는 것이다.

처음부터 잘할 수는 없을까

　소주의 첫 잔은 쓰지만 그다음 잔은 왠지 모르게 달짝지근하고, 세 번째 잔부턴 네 번째 잔을 부른다. 사람도 마찬가지다. 첫 만남은 숨 막힐 듯 어색하고, 1분이 1시간처럼 느껴진다. 두 번째 만남부턴 한 번 봤단 이유로 마음이 조금은 편안해진다. 호흡이 잘 맞으면 급격하게 친해지기도 한다. 삶도 마찬가지다. 우린 지금 '처음' 태어나서 살아가고 있다.

　이 '처음'이란 말은 참 재미있다. 설렘을 동반한다. 인간은 돌아올 피해를 최소화하고자 과거의 경험을 토대로 미래를 예측하려 한다. 그러나 아쉽게도 대조해볼 만한 경험이 없을 때, '처음'은 설렘이 아닌 두려움으로 바뀐다.

실패를 하지 않기 위해 처음부터 잘하는 방법은 없을까 고민했다. 하루빨리 호텔 분야에서 유명한 사람이 되고 싶었고, 영향력 있는 사람이 되고 싶었다. 그렇게 해야 호텔을 세울 날이 하루라도 당겨질 것 같았기 때문이다. 처음이다 보니 모든 것이 낯설고 어설펐다. 그래서 어색함을 빨리 떨쳐내고 싶은 마음도 컸다. 묘안이 없을까 고민하던 도중 버스 창밖으로 예전에 인턴 생활을 했던 광고 회사 건물이 보였다.

광고 회사에 인턴으로 출근하던 시절이 아직도 생생하게 기억에 남는다. 당시 팀 막내였던 나는 어떤 프로젝트가 떨어지면 이걸 어디서부터 어떻게 해야 할지 감도 잡히지 않았다. 주머니에서 막 이어폰을 꺼냈는데 이어폰 줄이 잔뜩 꼬여 있는 것처럼 복잡하고 어지러웠다. 아이디어는 어떻게 짜야 하고, 아이디어를 현실화하려면 어떤 과정을 거쳐야 하는지 정리가 되지 않았다. 퇴근 후에도, 주말에도 계속 머릿속엔 아이디어 생각뿐이었다. 빨랫감에 남은 마지막 물 한 방울을 쥐어짜내듯 영혼을 끌어모아 떠올린 아이디어는 매력적이지 않았다. 설득력도 전혀 없었다.

그때 내가 속한 팀의 팀장님은 광고계에서 잔뼈가 굵은 분이셨다. 회의 때마다 나는 항상 놀라움을 금치 못했다. 팀원들이 아이디어를 토해내듯 쏟아내면 수십 개의 아이디어가 책상 위로 쏟아지는데, 그것들을 퍼즐 조각 맞추듯 아무렇지 않게 쓱쓱 조합하더니 즉석에서 또 다른 새로운 아이디어를 만들어내셨다. 그다음은 더욱 순조롭다. 아이디어를 구체화하고 제작해 온에어까지 아주 노련하게 진두지휘하셨다. 멋있었다. 나도 저렇게 되고 싶다는 생각이 가득했다. 그래서 하루는 팀장님께 여쭤봤다.

"팀장님. 어떻게 하면 팀장님처럼 할 수 있나요? 비법이 뭔지 궁금합니다. 저도 알려주세요!"

그러자 돌아온 답은 놀라울 정도로 간단했다.

"이것만 몇십 년 해봐. 너도 그렇게 돼."

그렇다. 반복 숙달의 힘이란 이런 것이다. 반복의 힘은 엄청나다. 새로움을 익숙하게 만들고 그 익숙함은 노련함으로 이어진다. 그때부터 전문가의 경지에 오르게 되는 것이 아닐까? 어쩌면 덕을 업으로 바꾸는 방법은 아주 간단할지도 모르겠다. 처음부터 잘하는 특별한 방법이 있는 게 아니다. 그저 반복하는 것뿐이다. 제3자가 봐도 '업'이라고 인정을 받기 위해선 좋아하는 것을 잘하기만 하면 된다. 그리고 잘하기 위해선 우린 반복을 반복해야 한다. 익숙해지고 노련해질 때까지 말이다.

과거의 나는 처음부터 잘해내고 싶었고, 하루빨리 몇십만 명의 팔로워를 모으고 싶어 했다. 직접 이 길을 걸어보니 <u>처음부터 잘하는 방법은 없었다.</u> 가끔씩 내 기준에서 앞서 나간다고 생각하는 사람들의 SNS에 들어가 가장 '처음'에 만든 콘텐츠를 구경한다. 그 사람들의 처음도 지금에 비하면 많이 어색하고 어딘가 부족해 보인다. 하지만 그들은 모두 좋아하는 것을 잘하기 위해 꾸준히 '반복'했다. 그 과정을 거치며 부족한 부분들을 채워 넣고 끊임없이 수정하고 보완해가며 한 걸음씩 앞으로 나아가고 있었다. 그리고 지금 이 순간에도 그들은 '반복'하고 있다.

나라고 해서 크게 다를 것 없다. 호텔을 가고 SNS에 기록으로 남겼다. 이걸 계속해서 반복했다. 그저 반복만 했을 뿐인데 사람들이 모이기 시작했다. 지금도 여전히 반복 중이다.

그리고 이번엔 나의 '처음'을 들여다보았다. 처참하다. 얼굴이 화끈거리는 콘텐츠였다. 삭제하고 싶다는 마음이 들었다. 하지만 나도 다른 누군가의 처음을 보고 용기를 얻었듯, 나의 처음이 당신에게 희망과 용기가 되길 바라며 어디 내놓기 부끄러운 나의 '처음'을 지우지 않기로 결심했다.

돈 없이 시작할 수 있는
방법은 뭘까

대부분의 사람들은 주어진 상황 속에서 차선이 아닌 최선을 선택하려 한다. 그리고 우리 또한 마찬가지로 주어진 상황은 다르지만 그 속에서 최선을 선택하려고 할 것이다. 만약 나에게 돈, 건물, 땅 이 모든 것이 있었다면 사람부터 모을 생각은 하지 않았을 것이다. 하지만 내 상황은 그렇지 않았다. 나의 '최선'은 사람을 모으는 것이었다. 더 정확히는 팬을 모으는 것. 문제는 어디에, 어떻게 모을 것인지다. 앞서 우리는 SNS에서 사람을 모으기로 했다. 하지만 어떤 SNS를 선택해야 좋을지, SNS에 어떤 콘텐츠를 올려야 할지 고민될 것이다. 그리고 그 고민을 이제 해결하려 한다. 잊지 말자. 우린 항상 '최선'을 선택해야 한다.

어떤 SNS를 선택해야 할까?

나의 전략은 단순했다. '내가 좋아하는 것을 돋보이게 포장해 줄 능력은 뭐가 있을까'부터 고민했다. 즉, 내가 가진 능력들 중 잘하는 것은 뭔지 생각했다. 챕터 1에서 '그나마' 잘하는 것을 생각한 게 이제서야 빛을 발한다.

내가 만약 영상을 다루는 것에 능숙했다면 난 아마 유튜브 채널부터 개설해 유튜브 활동을 시작했을 것이다. 하지만 나는 영상을 잘 찍지도 못했고, 편집하는 것은 더더욱 못했다. 그래서 처음 뛰어들기엔 너무 많은 체력과 시간을 써야 할 것 같았다. 게다가 영상을 다룬다고 하면 왠지 내가 화면에 등장해 발랄한 분위기 속에서 호텔을 재밌게 리뷰해야 할 것 같았다. 아쉽지만 난 태생적으로 그렇게 재미있는 사람이 아니다. 알코올의 힘 없인 불가능해 보였다. 알코올 중독자가 되고 싶진 않았다. 영상을 다뤘다간 하품 나오는 콘텐츠가 될 것이 뻔해 포기하기로 한다.

다음으로 '사진은 어떨까?' 생각을 해본다. 글쎄, 이것도 그렇게 잘하는 것 같진 않다. 왠지 사진이라고 하니 좋은 장비가 있어야 전문가 냄새가 많이 날 것 같다는 생각이 들었다. 카메라는 얼마 정도 하나 홈페이지에서 가격을 슬쩍 들여다보곤 노트북을 덮었다. 저 돈이면 호텔 다섯 군데를 더 갈 수 있었다. 나는 최소한의 투자로 최대의 효과를 누리고 싶었다.

그래서 나의 선택은 '글쓰기'였다. 사실 내가 갈 수 있는 길은 이 길 하나뿐이었다. 그런데 놀랍게도 나는 글쓰기 덕분에 엄청난 성장을 할 수 있었다. 유명 호텔에서 협찬이 들어오기도 하고 다양한 플랫폼에서 협업을 하게 되었다. 수천 명의 브런치 작가들을 제치고 1년에 한 번 있는 브런치북 출판 프로젝트에서 수상까지 했다. 최선의 선택이 최선의 결과를 만들어낸 것이다.

여기까지 읽고 나와 비슷한 상황에 처해 있다면 아마 이런 생각을 할 수도 있다. '나도 영상이나 사진을 잘 못 다루니 글을 써야 하나? 그런데 요즘 같은 영상의 시대에 누가 글을 읽지?'

물론 나도 그 생각을 안 해본 것은 아니다. 하지만 <u>시대의 트렌드는 중요하지 않다.</u> 사람마다 가지고 있는 무기는 저마다 다르다. 그렇기 때문에 반드시 글쓰기만이 덕업일치를 성공적으로 이끌어가는 핵심적인 열쇠는 아니다. 영상 콘텐츠가 트렌드라고 해서 잘 다루지도 못하는 영상을 억지로 하는 것은 오히려 비효율적이다. 힘만 빠지고 스트레스받을 확률이 높다. 우린 초반부터 너무 많은 힘을 빼면 안 된다. 그렇기 때문에 본인이 현재 가지고 있는 능력들 중 '그나마' 잘하는 것을 내세울 필요가 있다. 마치 내가 '그나마' 할 줄 아는 것 중 '글쓰기' 카드를 꺼낸 것처럼 말이다. 당신이 만약 나와 비슷한 처지라면 글쓰기에 주목할 필요가 있다.

글쓰기는 열 손가락 올려서 자판을 두들길 키보드만 있다면 투자 비용 0원으로도 콘텐츠를 만들 수 있다. 심지어 글쓰기는 외모나 언변을 갖출 필요도 없다. 나처럼 수줍음이 많은 사람이 억지로 사람들 앞에 설 필요도 없다. 가진 거 없이 뛰어들 수 있다는 뜻이다. 그렇다고 내가 글을 잘 쓰는 건 아니었다. 일주일 내내 공들여 쓴 글은 '조회수 12'가 나왔다. 하지만 몇 가지 방법을 깨닫고 한 달 만에 조회수 10만을 기록할 수 있었다. 당신을 단숨에 성장시켜 줄 글쓰기 방법에 대한 이야기도 다음 챕터에서 다룰 테니 미리 걱정하지 않아도 좋다.

다시 돌아와서, 영상과 사진은 내 몸에 맞지 않는 옷이었다. 그래서 글쓰기를 선택했다. 이렇게 되니 SNS 채널 선택의 폭이 좁혀졌다. 그다음으로는 쉽게 접근할 수 있는 채널인지 확인했다. 그래서 나의 최종 선택은 '인스타그램'과 '브런치'였다.

글쓰기 플랫폼인 브런치에는 조금 특이한 시스템이 있다. 작가 심사를 통과해야 글을 써서 콘텐츠를 발행할 수 있다. '뭐야, 그럼 누가 거길 가입하려 해?'라고 생각할지 모르겠다. 그럼에도 불구하고 많은 사람들이 몰리는 이유가 있다. 이곳에선 1년에 한 번씩 출판 공모전을 진행하는데, 여기에 선정되면 책 출판은 물론 출판 지원금까지 제공받을 수 있기 때문이다. 작가 심사를 통과해야 글을 쓸 수 있는 험난한 과정이 있음에도 사람들이 몰리는 치명적인 이유다.

꼭 이 두 SNS 채널만이 정답은 아니다. 내가 주어진 상황에선 저 두 채널이 최선의 선택이었을 뿐이다. 채널별 장단점을 너무 오랫동안 비교하지 말고 당신이 지금 당장 뛰어들 수 있고 콘텐츠를 만들어 업로드하기 편한 곳을 찾으면 된다. 만약 브런치가 없었다면 나는 블로그를 활용했을 것이다.

어떤 SNS 채널을 선택하는지는 크게 중요하지 않다. 어딜가든 결국 '사람'이 모이는 곳이기 때문이다. 인스타그램을 하는 사람이 유튜브를 안 볼까? 유튜브를 보는 사람이 블로그를 안 볼까? 아니다. 그렇기 때문에 SNS 채널 선택에 너무 깊은 고민을 할 필요는 없다. 오히려 시작만 늦출 뿐이다. 당신이 '그나마' 잘하는 것을 생각하고 '접근하기 쉬운' SNS 채널을 선택하면 된다. 글 쓰는 게 편하면 블로그나 브런치로, 영상이 편하면 유튜브로, 사진이 편하면 인스타그램으로 시작하면 좋다.

어떤 콘텐츠를 만들어볼까?

내게 맞는 SNS를 선택함으로써 어디서 팬을 모을지 활동 무대를 정했다. 그다음으로 해결해야 하는 문제는 '어떤' 콘텐츠를 만들 것인지다.

벌써 머리가 아프다. 어떤 걸 만들어야 할지 모르겠다. '호텔 객실 위주로만 설명할까? 아니면 인테리어와 관련된 내용들을 깊게 팔까? 부대시설도 같이 소개해줘야 하나?' 등등 다양한 생각들이 머릿속을 헤집고 다닌다. 뭘 만드는 게 좋을지 확신이 서지 않았다. 이럴 때 가장 좋은 방법은 <u>하나씩 계속 시도해보는 것이다. 해보지 않고선 좋은지 나쁜지 절대로 알 수 없다.</u> 그런데 나는 최소한의 시도로 최대의 효율을 내고 싶단 생각에 이런 고민을 했다. '사람들이 좋아할 만한 콘텐츠를 만드는 게 좋을까, 내가 하고 싶은 콘텐츠를 만드는 게 좋을까?'

SNS를 이제 막 시작한 단계라면 팔로워나 구독자가 적기 때문에 사람들이 어떤 콘텐츠를 좋아할지 파악하기가 쉽지 않다. 그래서 초창기에는 이것저것 아이디어가 생각나는 대로 모두 콘텐츠화하는 것이 좋다. 반응이 좋은 것을 찾아나가는 식이다. 재밌는 아이디어가 떠올랐는데 나중에 콘텐츠 소재가 고갈될 것이 두려워서 '이건 나중에 아껴 써야지.'라는 생각도 하곤 했다. 하지만 콘텐츠를 아낄수록 콘텐츠의 신선도만 떨어졌다. 그렇기 때문에 아이디어가 떠오르면 최대한 빠른 시간 안에 콘텐츠로 풀어버렸다.

　콘텐츠를 계속 만들다 보니 어떤 콘텐츠는 반응이 좋았고, 어떤 콘텐츠는 반응이 시큰둥했다. 마치 파도를 타는 듯한 기분이었다. 콘텐츠를 하나씩 올릴 때마다 '이번에는 제발 터지게 해주세요!'라며 기도하는 수밖에 없었다. 좋아요를 몇 개 받았는지, 공유가 몇 건 발생했는지 수시로 체크하는 내 모습을 보게 되었다. 숫자와 나의 기분 사이엔 완벽한 상관관계가 있었다. 숫자가 높을수록 내 기분 또한 좋아졌다. 낮을 땐 시무룩해졌다.

　한 가지 확실한 사실은 숫자에 흔들리는 순간 콘텐츠는 점점 재미없어진다는 것이다. 내용뿐만이 아니라 콘텐츠를 만드는 나부터 편안하고 즐거운 마음이 아니다. 물론 반응을 확인할 만한 데이터가 쌓이고 나면 콘텐츠에 대한 반응이 어떤지 파악해 이런저런 시도를 해볼 수 있다. 참고할 만한 데이터란 조회수나 좋아요 수, 노출 수, 공유 수 등등 온갖 숫자들을 말한다. 데이터를 기반으로 반응이 좋았던 것을 뽑아내서 그 위주로 콘텐츠를 만드는 것도 좋은 방법이긴 하다.

하지만 너무 숫자에 연연하지 않았으면 좋겠다. 숫자를 보게 되는 순간 지루해진다. 그리고 '하고 싶어서 한다'는 순수한 느낌이 사라진다. 회사에서 일하듯 콘텐츠를 만들게 된다. 여긴 회사가 아니다. 콘텐츠를 만들기 위해서 누군가를 설득하고 결재받을 필요가 없다. 좋아하는 것을 하며 먹고살려고 콘텐츠를 만드는데, 이조차도 내 마음대로 못 한다면 너무 슬프지 않을까? 숫자는 팩트를 전달하지만 해석은 사람이 한다. 해석은 참고용으로만 활용하면 된다.

그래서 이제 막 사람을 모으기 시작한 단계라면, '어떤' 콘텐츠를 만들지 고민할 필요가 없다. 당신 머릿속에 지금 떠오르는 것, 당신이 하고 싶었던 것들을 마음껏 펼치면 된다. 진심으로 우러나오는 콘텐츠는 곧 당신만의 색이 된다. 사람들은 색이 없는 사람보다 색이 뚜렷한 사람에게 더 끌리지 않던가. 정답이 없으니 마음대로 해도 좋다. 콘텐츠를 만드는 당신부터 즐겁지 않다면 그 콘텐츠를 보는 사람은 과연 즐거울까? 어떤 콘텐츠를 만들어야 하냐는 질문에 대한 나의 답은 '나부터 즐겁고 재밌는 것' 그리고 '내가 하고 싶은 것'이다.

그러나 하고 싶은 대로 하라는 말을 들으면 가슴이 답답해지는 사람도 있다. 하고 싶은 콘텐츠가 뭔지도 모르는 경우가 있기 때문이다. 딱 내가 그랬기 때문에 그 마음이 이해가 된다. 그래서 당신에게 강력한 무기를 하나 주려고 한다. 바로 '사람들이 100% 반응하는 콘텐츠 유형'이다. 이것만 알아도 어떤 콘텐츠를 만들면 좋을지 골머리 썩을 필요가 없다. 다 해결할 수 있다.

이른바 '건부사재' 세트다.

건	건강, 미용, 운동
부	돈, 장래, 꿈, 미래, 성장
사	사랑, 연애, 부부, 섹스, 인간관계
재	재미, 오락, 새로운 지식

이 네 가지만 알고 있어도 사람들이 100% 반응할 수밖에 없는 콘텐츠를 만들 수 있다. 이 건부사재 세트를 어떻게 콘텐츠화하는지 알려주겠다. 실제로 유튜브에 들어가서 사람들의 반응이 뜨거웠던 콘텐츠들의 주제를 발췌했다.

	주제	크리에이터 / 조회수
건	유독 왜 배만 나오는 걸까?	피지컬갤러리 / 151만 회
부	가난에서 빠르게 벗어나는 방법	신사임당 / 158만 회
사	사랑이 오래 가는 비밀	세바시 강연 / 300만 회
재	한국인은 왜 삼겹살에 탐닉할까?	이오IO / 95만 회

건부사재 세트가 어떻게 콘텐츠로 풀리는지 감이 잡히는가?

주제만 봐도 벌써 흥미가 당긴다. 당신이 좋아하는 어떤 것을 대입해도 호기심을 자극하는 콘텐츠를 만들 수 있다. 어떻게 그게 가능한지 직접 보여주기 위해 이번엔 내가 좋아하는 '호텔'을 여기에 대입해보겠다.

건	3주 만에 어깨 깡패 돼서 나온다는 호텔 피트니스
부	호텔만 다니면서 돈 벌 수 있는 현실적인 방법
사	여기만 갔다 하면 프로포즈 100% 성공하는 호텔
재	호텔 미니바에 있는 음료는 왜 항상 비쌀까

어떤 콘텐츠를 만들면 좋을까 고민될 땐 이 건부사재 세트를 기억하면 도움이 된다. 당신이 지금 좋아하고 덕질하고 있는 분야 또한 이 세트에 넣어보면 다양한 콘텐츠들이 쏟아질 것이다.

하지만 여기서 당신이 더 멀리 그리고 더 폭발적으로 성장하기 위해서 한 가지 알아둬야 할 것이 있다. '건부사재'를 통해 '상대방에게 도움을 줄 수 있어야 한다'는 것. 당신을 본 적도 없고 알지도 못하는 누군가가 당신의 콘텐츠를 '굳이' 봐야 하는 이유는 뭘까. 당신이 만든 콘텐츠를 통해서 뭔가를 얻고 싶다는 생각 때문이다. 그리고 우리가 콘텐츠를 만드는 이유는 '사람을 모으기 위해서'다. 가장 빠르게 사람을 모을 수 있는 방법은 상대방에게 도움이 되는 무언가를 제공하는 것이다. 즉, 베풀어야 한다는 것. 이것이 바로 건부사재의 핵심이다.

단순히 100% 먹히는 콘텐츠에 혈안이 되어 건부사재 세트에 대입만 하게 된다면 본질은 잊은 채 점점 자극적인 것, 새로운 것을 갈망하게 될 것이다. 이렇게 되면 단언컨대 절대 오래가지 못한다. 사람들을 반짝 끌어모을 수는 있겠지만 그다음은 없을 것이다. 따라서 항상 '상대방에게 베푸는' 콘텐츠를 만드는 데 집중해야 한다. 당신에게 한 번 도움을 받은 사람들은 언제 어디서든 당신을 도와주기 위해 대기 중이다. 그러니 베푸는 게 가장 중요하다.

정리하면 SNS 채널은 중요하지 않다. 지금 당신이 당장 뛰어들 수 있는 채널이면 충분하다. 어떤 콘텐츠를 만들지 고민할 필요도 없다. '나부터 즐거운 것', '나부터 재미있는 것'을 만들면 된다. 하지만 그마저도 명확하지 않을 땐 '건부사재 세트'를 기억하자. 그리고 이 세트의 본질적인 핵심은 상대방에게 '베푸는 것'이다. 이것들이 바로 아무것도 가진 것 없는 우리가 덕업일치를 꿈꿀 수 있는 유일한 방법이자 현실적인 방법이다.

SNS를 어떻게 활용할지 고민된다면

SNS를 활용하다 보면 SNS에 관한 고민들이 생기기 마련이다. 몇 가지 대표적인 고민에 대한 답을 해보고자 한다.

팔로워를 돈 주고 사도 될까?

빠르게 어떤 결과를 내고 싶지만 뜻대로 팔로워가 쭉쭉 늘지 않는 경우엔 자연스럽게 이런 고민을 하기 시작한다. 진심으로 당부하지만 절대 팔로워를 돈으로 사지 마라. 만약, 정말 숫자만 늘리는 것으로 만족한다면 말리지 않겠다.

수백조 원대 매출을 자랑하는 성공한 브랜드의 대표 '애플'을 떠올려보자. 애플은 확실한 '팬'이 있다. 신제품을 론칭했다 하면 사람들이 줄부터 선다. 이게 브랜드 파워다. 팬을 확보하지 못한 브랜드는 점점 도태되기 마련이며 결국 사람들의 인식 속에서 사라진다.

내가 만약 호텔을 좋아하는 사람들이 아닌, 축구 좋아하는 사람, 바둑을 좋아하는 사람 등으로 팔로워를 모은다면 어떨 것 같은가. 팔로워를 구매하는 것은 홍보 업체에서 나의 계정을 일시적으로 관리한다는 뜻이다. 그들은 보장한 숫자만 채우면 그만이다. 실제 사용자가 아닌 가계정으로 팔로워를 채우는 게 무슨 의미가 있을까?

계정은 본인이 직접 키워가면서 경험치를 쌓아야 한다. 어떤 콘텐츠에 어떤 반응을 보였는지 실험도 해보면서 나만의 데이터를 축적해나가야 한다. 하지만 잠깐 다른 사람이 계정을 대신 관리해 빠른 시간 안에 당신이 원하는 숫자에 도달했다고 하자. 그럼 그다음은? 당신이 키운 계정이 아니기에 그다음엔 어떻게 뻗어나가야 할지 감조차 잡지 못할 것이다. 단기적으로 기분이 좋을 수는 있으나, 멀리 봤을 땐 여러모로 절대 득이 되지 않는다. 그러니 팔로워는 절대 구매하지 말고 본인 계정을 스스로 직접 키우는 걸 권한다.

1일 1포스팅은 정말 중요한가?

이 또한 아주 명쾌한 답이 있다. 단순히 '열심히' 1일 1포스팅을 하는 것은 추천하고 싶지 않다. 왜냐하면 아직 콘텐츠를 다루는 것이 익숙하지 않은 상황에서 1일 1포스팅은 곤욕스러울 것이다. 즐거운 마음보다 의무감이 앞서게 되면 금방 지칠 수밖에 없다. 퀄리티도 당연히 좋을 수 없다. 그런 콘텐츠를 보는 사람들의 반응은 뻔히 보인다.

다만, 사람들이 어떤 콘텐츠에 더 많은 반응을 보일지 테스트하기 위해서 1일 1포스팅을 한다면 적극 찬성이다. 이런저런 다양한 실험을 하며 조금이라도 호응이 있었던 결과물을 분석해보는 과정은 반드시 필요하다. 이런 이유에서 하는 1일 1포스팅은 훌륭하다.

그런데 콘텐츠가 하나둘 쌓이고 팬도 모아가고 있는 단계라면 이제부턴 퀄리티에 집중하는 것이 좋다. 사람마다 퀄리티를 높여야 하는 시기에는 조금씩 차이가 있다. 나의 경우엔 500명이 기준이었다. 500명이 넘고 나선 더 양질의 콘텐츠를 만들기로 다짐했다. 2일에 한 번, 3일에 한 번씩 포스팅을 해도 당신의 팬들은 당신이 점점 성장하는 모습을 보며 열광하게 된다. 실제로 나는 콘텐츠 9개로 팔로워 1천 명을 모으기도 했다. 대신 콘텐츠의 퀄리티를 높이는 데 많은 시간을 들였다.

따라서 포스팅에 대해서는 이분법적으로 생각할 것이 아니라, 자주 올려야 하는 시기가 있고 퀄리티를 높여야 하는 시기가 있다는 것을 알아두면 좋다. 물론 자주 올리면서 퀄리티까지 신경 쓴다면 금상첨화다.

기존에 사용하던 계정에 콘텐츠를 올려도 될까?

계정은 새로 만드는 것을 추천한다. 기존에 운영하던 SNS 채널이 개인 일상을 다루거나, 사적인 이야기가 많이 들어가 있다면 더더욱 새로 만들 것을 권한다. 이유는 간단하다. 당신은 이제 '좋아하는 것'만 집요하게 파고들 것이기 때문이다. 마치 커피 하면 스타벅스가 떠오르고, 햄버거 하면 맥도날드가 떠오르는 것처럼 당신도 그렇게 되어야 한다. 만약 스타벅스가 처음부터 커피를 집요하게 다루지 않고 베이커리도 다루고, 굿즈도 다루었다면 어땠을까. 중구난방인 브랜드로 인식되어 우리의 머릿속에 지금처럼 뾰족하게 남아 있지 않았을 것이다.

그래서 처음엔 딱 한 가지만 집중적으로 다루는 계정이 있어야 한다. 우린 앞서 모래시계 법칙을 활용해서 좋아하는 것의 범위를 대폭 좁혔다. 그리고 특별하게 만들었다. 이제 그것만 다루는 계정이 있으면 된다. 카페의 베이커리를 좋아한다면 카페 베이커리만 집요하게 다루는 계정, 서울권 호텔을 좋아한다면 서울권 호텔만 파고드는 그런 계정 말이다. 뾰족하면 뾰족할수록 당신의 색깔은 진해지고, 사람들은 더 빨리 모일 것이다.

호텔 덕후의 덕질 이야기

내 룰은
내가 정한다

'체크인과 동시에 모래시계는 뒤집어졌다.'

    좋아하는 걸 하며 살겠다고 다짐한 지 한 달이 채 되지 않았을 때다. 호텔을 세우겠다는 꿈을 안고 만든 인스타그램 계정의 팔로워는 그때 당시 100명 언저리였다. 나의 머릿속엔 '부지런히 돌아다니고 기록으로 남겨서 더 많은 사람들을 끌어모아야지.'라는 생각 하나뿐이었다.

    호텔에 가서 사진과 영상을 찍는다. 그리고 집으로 돌아와 찍어놓은 것들을 보면서 기억을 더듬어 글로 옮겨 담았다. 하지만 알 수 없는 부족함이 있었다. 뭔가 어색하고, 왠지 재미도 없는 것 같왔다. 그래서 고민이 되기 시작했다.

'어떻게 하면 호텔 콘텐츠를 빠르게 잘 만들 수 있을까?'
'어떻게 하면 더욱 생생한 글을 쓸 수 있을까?'

그러던 어느 날 나의 고민을 한 방에 해결해준 사건이 하나 있었다. 그날도 어김없이 어느 호텔을 가볼까 열심히 찾아보는 중이었다. 이왕이면 개성이 있는 호텔에 가고 싶었다. 그래야 쓸 말도 많이 생기기 때문이다. 그렇게 1시간 정도 알아봤을까. 재미난 호텔 프로모션이 내 눈에 들어왔다. '30시간 호텔 스테이!'

보통 호텔에서의 1박은 21시간이다(3시 체크인, 12시 체크아웃 기준). 하지만 이 프로모션은 무려 9시간이나 더 길다. 오전 10시 체크인에 다음 날 오후 4시 체크아웃이 가능한 프로모션이다. 끌린다. 뭔가 재미난 일이 벌어질 것 같아 고민 없이 바로 예약했다.

이곳은 대림미술관과 디뮤지엄을 만든 대림 기업의 호텔 브랜드 '글래드 호텔'이다. 이곳에서 호텔 콘텐츠를 '빠르게, 잘, 생생하게' 만들기 위해 색다른 실험을 해보기로 했다. 체크아웃하기 전까지 호텔 콘텐츠 한 편 완성할 것.

체크인과 동시에 모래시계는 뒤집어졌다. 마치 "시험 종료 시간 10분 남았습니다."라는 말을 들었을 때와 같은 긴장감이 돈다. 마감 시간이 정해지니 호텔을 더욱 알차게 관찰하기 시작했다. 호텔에 더 집중하게 되고 더욱 몰입하게 되었다.

핸드폰 카메라로 객실 곳곳을 찍어두고, 객실 밖으로 나와 호캉스를 좋아하는 사람들에게 알려주고 싶은 곳들 그리고 내가 호텔을 세울 때 참고하면 좋을 법한 요소들을 찾아 나선다. 호텔 내의 카페, 피트니스센터, 레스토랑 곳곳을 누비고 다닌다. 그리고 다시 객실로 돌아온다. 이제 재빠르게 찍어둔 사진과 영상들을 한곳에 모으고 베스트 컷만 추린다. 자, 이제 재료 손질은 마무리되었다. 이제 본격적으로 요리를 시작해야 한다.

노트북을 켠다. 이 노트북은 체크아웃하는 순간까지 꺼지는 일이 없을 것이다. 객실 안에 있는 책상에 앉아 지금 내가 느끼고 있는 감정, 생각, 기분, 느낌을 모두 토해내듯 써 내려갔다. 신기하게도 집에서 글을 쓸 때와는 차원이 다른 기분이었다. 글을 쓰다 막힐 때쯤엔 고개를 들어 주변을 둘러본다. 나는 아직 호텔 객실이다. 그렇기 때문에 사방이 참고할 만한 '시청각 자료실'인 셈이다. 호텔 안에서 갑자기 떠오르는 아이디어나 느낀 점이 있으면 바로 옮겨 적기만 하면 된다.

결국 체크아웃과 동시에 글 한 편이 모두 완성되었다. 이때 느꼈던 개운함과 뿌듯함은 잊을 수 없다. 그리고 깨달았다. 더 빠르고 생생한 콘텐츠를 만들기 위해선 반드시 '마감 시간'을 정해야 한다는 것을.

좋아하는 걸 하며 살다 보면 혼자서 일을 하게 되는 경우가 많다. 혼자 하는 일들은 누가 '마감'을 정해주지 않는다. 그렇기 때문에 쉽게 늘어지기도 하고, 그렇게 미루다 결국 포기하는 경우도 생긴다. 나는 천성이 게으른 편이라 '언제까지 해야지!'라고 기한을 두지 않으면 끝까지 행동으로 옮기지 않는다. 특히 호텔의 경우 침대가 항상 옆에 있기 때문에 조심해야 한다. '조금 피곤한데 잠깐만 쉬어볼까?' 하는 순간 눈뜨면 체크아웃할 시간이 된다. 위험하다. 그래서 체크아웃 전까지 글 한 편을 완성하는 건 스스로에게 내린 특단의 조치였다. 그리고 그 효과는 상당했다.

이날 이후론 체크인과 동시에 콘텐츠를 만들기 시작했다. 그리고 스스로 약속했다. 잠들기 전까진 침대 위로 절대 올라가지 않겠다고 말이다. 객실 정비를 막 마친 정갈한 침대 모양 그대로 유지했다. 그 덕분에 일에만 몰입하게 되어, 콘텐츠를 만드는 속도는 점점 더 빨라졌고 SNS에 짧은 주기로 더 다양한 콘텐츠들을 선보일 수 있었다. 덕업일치의 삶을 살겠다며 선언하고 2~3개월 동안은 이렇게 스스로 정한 마감에 맞춰 움직였다. 그리고 정확히 3개월 차에 인스타그램 팔로워 1천 명과 브런치 구독자 1천 명, 총 2천 명의 팬을 모을 수 있었다.

그러니 잊지 말자. 콘텐츠를 잘 만들고 싶은가? 속도를 높여 사람들을 폭발적으로 많이 끌어모으고 싶은가? 만약 그렇다면 나만의 '마감 시간'을 꼭 정해두자. 그리고 그 마감은 반드시 지켜야 한다. 스스로에게 변명의 여지를 줘선 안 된다.

돈은 '신뢰'에 따르고, 신뢰는 '유명'에 따른다.
그리고 유명은 수많은 기회를 만들고
이는 다시 돈으로 이어진다.

'평소에 잘 하지 않았던 행동'을 한 번만 눈 딱 감고,
결과를 생각하지 않고, 행동으로 옮겨볼 것.
생각보다 큰일은 벌어지지 않고,
그 결과가 좋지 않더라도
하루아침에 인생이 망하지도 않았다.

CHAPTER _ 3

일이 생각처럼 안 풀릴 땐 어떻게 할까?

디테일

"대체적으로 어떤 사물이 좋아 보이는 이유는 그것의 디테일이 좋기 때문입니다."
- 후사카와 나오토

우리가 호텔에 가서 '좋았다' 혹은 '별로였다'고 평가하는 기준은 뭘까. 겉보기엔 그럴듯해 보였는데 막상 침대에 누워보니 불편해서 별로였다고 기억할 수 있다. 반대로 처음엔 썩 좋아 보이진 않았는데 객실 화장실에 센스 있게 비치된 고데기를 보고 감동받아 '그 호텔 좋았지' 하고 생각할 수도 있다. 이처럼 의외로 사소한 디테일 때문에 호불호가 정해진다.

덕업일치의 삶 또한 크게 다르지 않다. 작은 디테일을 놓쳐서 슬럼프에 빠지기도 하고 때론 디테일 덕분에 일이 뜻밖에 잘 풀리기도 한다. 이 길을 걷다 보면 생각보다 일이 잘 풀리지 않아 힘들고 지칠 때가 한 번씩 온다. 그때 다 내려놓고 싶다는 생각이 들 수도 있다. 하지만 난 당신이 여기까지 걸어왔다면 포기하지 않았으면 한다. 그래서 이럴 땐 어떻게 이 상황을 헤쳐나가야 하는지 알려주고 싶다. 놀랍게도 의외로 사소한 디테일만으로 이 난관을 극복할 수 있다. 이 챕터에서 함께 살펴보자.

열심히만 한다고 다 될까

어릴 적 내 주변 어른들은 나에게 항상 이렇게 말했다.

"뭐든지 열심히만 해라."

이런 이야기를 워낙 많이 들었던 터라, 난 '열심히만' 하면 모든 게 다 잘될 것이라 믿었다. 내가 하고픈 것, 좋아하는 것을 하기 위해선 지금 공부를 열심히 해야 한다고 생각했다. 초, 중, 고등학교 때 열심히 공부를 해야 하는 이유는 '좋은 대학'에 가기 위해서였다. 아쉽게도 나는 공부에 그렇게 큰 흥미를 갖고 있지 않았다. 공부를 썩 잘하진 않았지만 그래도 어른들 말씀대로 열심히는 했다.

그렇게 어찌어찌 들어간 대학교. 이제부터 자유인가 싶었지만, 또다시 열심히 학점 관리를 해서 '좋은 직장'에 들어가야 내가 하고 싶은 걸 할 수 있다고 했다. 학사 경고도 맞아본 나는 당연히 학점이 좋을 리가 없었다. 그래도 어찌어찌 들어간 회사, 그곳에서도 자유를 찾진 못했다. 사람들은 열심히 일해서 돈을 모으고, 승진하고, 결혼을 하고 가정을 꾸리는 게 정답인 것처럼 이야기하곤 했다. 그래서 나도 그게 맞는 줄 알았다.

'열심히, 열심히, 열심히!'

참 이상하다. 분명 열심히만 하면 좋아하는 거 하면서 살 수 있다고들 말했다. 그런데 왜, 열심히 할수록 내 삶은 점점 생기를 잃어가는 걸까?

지금 이 책을 펼친 당신 또한 분명 열심히 살고 있을 것이다. 어쩌면 우리 모두는 열심히 살고 있다. 하지만 열심히만 산다고 다 좋은 결과를 얻는 것은 아니었다. 그래서 난 깨달았다. '열심히만' 해선 안 된다는 것을. 열심히는 기본이다. '열심히'를 뛰어넘어서 '잘'해야 한다. 좋아하는 것을 하며 살고 싶다면, 열심히 덕질하는 수준에서 그치지 않고 잘해야 하는 게 핵심이다. 그래야 좋아하는 걸 바탕으로 돈을 벌고 한 걸음 더 성장할 수 있다. 열심히만 한다고 다 되는 게 아니다.

5월 어느 날. 체크아웃을 하고 투숙했던 호텔이 어땠는지 글로 남기는 중이었다. 1주 동안 한 편의 글을 힘들게 완성해 업로드했다. '열심히' 쓴 글의 결과는 조회수 12. 어떻게 첫술에 배부르랴. 이럴 때일수록 더 '열심히' 써야지. 또 쓴다. 업로드한다. 조회수 20. 조금 올랐다. 글의 양과 비례하는 것인가 생각했다. 또 쓰고 올린다. 조회수 10. 이번엔 떨어졌다. 이렇게 계속 글을 찍어내기만 했다. 뭐가 문제인지 생각조차 하지 못한 채 말이다. 그렇게 한 달이 지났다.

하루는 너무 답답한 마음에 지인에게 내가 쓴 글을 보여줬다. 그리고 충격적인 답변을 받았다.

"야, 글이 재미가 없잖아."

재미가 없단다. 이걸 어떻게 해야 하나. 그제서야 내 글에 어떤 문제점들이 있는지 돌이켜보기 시작했다. 진작 원인을 찾으려 들었어야 했는데 무작정 들이대기만 했다. 하지만 내 글의 문제가 무엇인지, 왜 재미가 없는지 찾기가 쉽지 않았다. 어쩔 수 없이 자포자기한 상태로 키보드에 손가락을 올려 또 글을 썼다. 글 한 줄 쓰는 것도 너무 괴로웠다. 원인을 알 수 없으니 뭘 어떻게 써야 할지도 모르겠는 상태였다.

남들이 하라는 대로 열심히 공부해 대학에 들어가고 남들이 다 취업하니까 들어간 회사. 이제야 드디어 내가 좋아하는 거 하며 살겠다고 크게 마음먹고 시작했는데 벌써부터 잘 풀리지 않는다. 그날따라 날씨는 또 왜 이리 좋은지, 갑자기 눈물이 조금 날 것 같다. 한 달 동안 아무것도 한 게 없다고 생각하니 마음은 더 무거워졌다.

이렇게 우울한 상태에서 글을 쓰면 글도 우울해지지 않을까 걱정이 앞섰다. 역시 내가 뭐 그렇지. 이번에도 반응이 없으면 그만둬야겠다는 생각을 했다. 마지막 글이라 생각하고 글을 써 내려갔다. 의식의 흐름대로 토해내듯이 글을 썼다. 그렇게 완성된 글 한 편. '이제 잘 가라'는 심정으로 글을 떠나보냈다. 노트북을 닫았다. 당분간 열어볼 생각은 없었다. 좋아하는 것을 하며 사는 삶이 정말 옳은 길일지 생각 좀 해봐야겠다.

그리고 그 글은 10만 뷰를 기록했다.

대체 뭘까. 이 글이 왜 10만 뷰인지 당최 알 수가 없었다. 댓글 반응은 더 놀라웠다. "생생한 리뷰 잘 봤다.", "같이 호텔에 들어간 기분이었다."라는 반응이 대부분이었다. 소가 뒷걸음치다 쥐를 잡은 격이다. 이건 내 실력으로 터진 글이 아니라 그저 운이 좋아서 얻어걸렸다고 생각했다. 그럼 이 글과 똑같은 방식과 똑같은 어투 그리고 똑같은 문장 방식으로 글을 써보면 운인지 아닌지 알 수 있지 않을까? 한 편 더 써보았다. 5일이 지났다. 이번엔 7만 뷰가 찍혔다.

이제서야 정신이 번쩍 들었다. 어쩌면 <u>사람들이 반응하는 글엔 어떤 공식이 있지 않을까</u>. 이 글들을 파헤치기 시작했다. 학창 시절에도 만들지 않았던 오답노트를 다 큰 성인이 되고 나서 만들었다. 같은 방식으로 글을 계속 써보았다. 거짓말 같은 상황이 벌어졌다. 3만 뷰, 6만 뷰, 정말 많을 땐 14만 뷰. 로또 맞은 기분이 이런 기분일까? 브런치 구독자는 단숨에 1천 명이 되었고 인스타그램 팔로워 또한 3개월 만에 1천 명이 넘었다. 대체 이게 무슨 일일까.

<u>글쓰기에도 방법이 있다는 것</u>을 그동안 몰랐다. 그래서 <u>무작정 열심히만 해서는 안 된다는 것</u>이다. 무엇이, 어떻게, 왜 잘못되었는지 생각하지 못한 채 계속 시도만 하고 있었다.

지금부터 이야기할 글쓰기 핵심 포인트들은 나뿐만이 아니라 누구나 쉽게 적용할 수 있는 것들이다. 글쓰기 방법을 하나도 몰라서 그저 열심히만 쓰고 조회수 12를 기록한 나마저도 이 몇 가지 노하우를 깨닫고 나니 폭발적으로 성장할 수 있었다. 그 후 사람들이 내 글에 관심을 갖기 시작했고, 그렇게 난 덕업일치의 삶을 시작한 지 3개월 만에 2천 명의 사람을 모을 수 있었다. 그리고 새로운 삶이 시작되었다.

앞서 아무것도 가진 것이 없어도 누구나 좋아하는 걸 하며 살 수 있는 방법에 대한 이야기를 나눴다. 그 방법은 좋아하는 걸 콘텐츠로 만들어 SNS에 올리고 사람을 모으는 것이었다. 바로 '글쓰기'로 말이다.

어떻게 하면 읽히는 글을 쓸 수 있을까

 내가 '그나마' 할 수 있었던 것 중 하나가 글쓰기였다. 예전에는 글쓰기가 왜 중요한지 몰랐지만, 지금 돌이켜보니 글쓰기의 힘은 상당히 강력하다. 특히 우리처럼 덕업일치를 꿈꾸는 사람들에겐 특히 중요하다.
 앞서 언급했던 사과 이야기를 다시 떠올려보자. 수많은 사과 중 하나를 골라 구매해야 할 때, 우리의 마음을 움직이는 건 따로 있었다. 내가 원하는 사과인지 아닌지, 믿을 만한 곳인지를 파악하기 위해 제품을 소개하는 글과 사람들이 남긴 후기 글을 읽었다. 여기서 구매를 할지 말지 정해진다. 사과 사진을 아무리 멋있게 찍었더라도 제품을 설명하는 글의 내용이 와닿지 않거나, 후기 글이 마음에 들지 않으면 우린 결코 지갑을 열지 않는다. 반대로 사진은 그저 그렇더라도 마음에 쏙쏙 박히는 제품 소개 글을 읽거나 왠지 나도 사야 할 것만 같은 후기 글을 보면 지갑을 활짝 열게 된다.

<u>결국 우린 '글'을 보고 '행동'을 결정한다.</u>

글은 가장 직관적으로 의사전달을 하는 방법이다. 글만큼 사람의 마음을 뒤흔드는 강력한 무기는 없다. 나 또한 좋아하는 호텔을 다니며 호텔에 관련된 글만 꾸준하게 썼을 뿐인데 수많은 기회들이 따라왔다. 몇 가지 방법만 알고 있다면 누구든 글만 써서 폭발적으로 팬을 모을 수 있다.

글쓰기는 당신도 할 수 있다. 글을 못 쓴다고 자책할 필요 없다. 대학교 때 글쓰기 수업 C$^+$를 맞던 나도 드라마틱한 성장을 할 수 있었다. <u>내가 가장 애용하는 글쓰기 법칙을 엑기스만 뽑아 공유</u>하고자 한다. 글쓰기에 뛰어들기 전에 반드시 기억해야 할 한 가지가 있다. 바로 우린 종이 위가 아닌 온라인상에 글을 쓰고 있다는 사실이다. 그렇기 때문에 지금부터 '좋은 글'의 기준은 '읽히는 글'이다. 이제 당신은 읽히는 글을 쓰게 될 것이다.

조회수가 박살이 난 글들을 다시 한번 살펴봤다. 그러자 나의 이상한 글쓰기 습관을 발견할 수 있었다. 바로 글에 힘이 잔뜩 들어가 있다는 것. 아는 것은 많지 않은데 잘난 척을 열심히 하고 있었다. 내가 쓴 글을 처음부터 소리 내 읽어보면 단번에 알 수 있다. 소리 내어 읽다 보면 입에 잘 달라붙지 않는 문장들이 있다. 그런 문장들은 매끄럽지 않거나 어색한 문장이었다. 그리고 대체적으로 그 문장들엔 전문 용어나 어려운 말이 들어가 있었다.

그래서 이 문제를 해결하기 위해서 내가 가장 먼저 시도한 것은 글에 힘을 빼는 것이었다. 사람들이 내 글을 쉽고 재밌게 읽었으면 했다. 그렇게 나의 팬을 만들고 싶었다. 한참을 고민한 끝에 세 가지 방법을 찾을 수 있었다. 조회수 12의 내 글을 10만 뷰로 만들어준 세 가지 글쓰기 방법은 다음과 같다.

1. 초등학생도 이해할 수 있게 쓰기

자, 다음 두 문장 중 어떤 글이 더 이해가 쉬운지 비교해보자.

> ① : 우리 회사는 AI가 딥러닝을 해서 고객에게 최적화된 콘텐츠를 큐레이션 합니다.
> ② : 우리 회사는 인공지능이 고객의 성향을 파악해서 고객이 딱 보고 싶어 하는 콘텐츠만 보여줍니다.

IT업계 종사자가 아니고서야 1번보단 2번이 더 이해하기 쉽다. 이게 핵심이다.

우리는 지금 팬을 모아야 하는 입장이다. 그렇기 때문에 최대한 많은 사람들이 당신의 콘텐츠를 즐길 수 있어야 한다. 그런데 전문적인 용어를 써가며 지식을 자랑하는 식의 글을 쓴다면 어떻게 될까. 사람들은 거침없이 '뒤로 가기' 버튼을 누를 것이다.

　이 사실을 알고 있음에도 불구하고 내가 습관적으로 글을 어렵게 썼던 이유는 바로 '지식의 저주'에 빠졌기 때문이다. 지식의 저주는 『스틱!』이라는 책에 나오는 이야기로 '내가 아는 것은 상대방도 알고 있을 것이라는 착각'을 의미한다. 좀 더 쉽게 설명해, 어떤 노래를 듣고 책상을 두들겨서 그 노래를 표현하라고 하면 나는 완벽하게 표현했다고 생각한다. 하지만 그 노래가 어떤 것인지 모르는 상대방에겐 그저 책상을 딱딱딱 두들기는 소리로밖에 들리지 않는다는 것이다. 어쩌면 내가 그동안 썼던 글이 '딱딱딱' 소리만 내는 글은 아니었는지 되돌아보게 되었다.

　우리는 전문가 포럼 혹은 어떤 학회에 내는 글을 쓰는 것이 아니다. 앞서 이야기했듯 우리에게 좋은 글은 '읽히는 글'이다. 누구나 쉽게 읽을 수 있는 글을 써야 한다. 글은 반드시 쉬워야 한다. 아무리 어려운 내용이라도 쉽게 풀어내는 연습을 해야 한다. 아무런 고민 없이 쉽게 쓴 글은 어렵게 읽히고, 독자들을 고려해가며 어렵게 쓴 글은 쉽게 읽힌다는 사실을 놓치지 말자. 글에 힘을 빼는 첫 번째 방법은 초등학생도 이해할 수 있을 정도로 쉬운 글을 쓰는 것이다.

2. 문장을 짧게 쓰기

　우리가 평소에 들숨 날숨으로 호흡하듯 글에도 호흡이 있다.

글의 호흡은 문장 길이가 결정한다. 더 쉽게 말하면 문장이 짧으면 호흡이 가빠져서 속도감과 긴장감이 느껴지고, 반대로 문장이 길면 호흡이 길어지기 때문에 안정감이 들거나 또는 루즈해질 수 있다. 하지만 나는 베스트셀러 작가들처럼 유려한 문장을 쓸 수 있는 단계가 아니었다. 그래서 내가 선택한 방법은 문장을 짧게 쓰는 것이었다.

> **예시 :**
> 드디어 내가 가보고 싶었던 호텔에 가는 날인데 로비에 들어서니 괜히 마음을 설레게 하는 향기가 나의 코끝을 자극하는 걸 보니 오늘 하루는 굉장히 기대가 된다.
>
> **짧게 쓰기 :**
> 드디어 내가 가보고 싶었던 호텔에 가는 날이다. 로비로 향한다. 들어가는 순간 느껴지는 향기. 내 마음을 설레게 한다. 오늘 하루는 굉장히 기대가 된다.

어떤가. 분명 두 문장의 의미는 바뀌지 않았다. 하지만 글이 읽히는 속도와 몰입감이 확연하게 달라졌다. 하나의 문장에 하나의 메시지만 담으면 문장이 자연스럽게 짧아진다. 메시지가 2개, 3개로 넘어가는 순간 가차없이 쳐내면 된다. 짧게 쳐내다 보면 문장과 문장 사이가 부자연스러운 경우가 있다. 이때 글의 방향 지시 등이라 불리는 '접속사'를 넣고 문장을 매끄럽게 다듬어주면 단숨에 해결된다.

> **짧게 쓰기 :**
> 드디어 내가 가보고 싶었던 호텔에 가는 날이다. 로비로 향한다. **그런데** 들어가자마자 느껴지는 향기. 내 마음을 설레게 한다. 오늘 하루는 굉장히 기대가 된다.

문장을 짧게 쓰면 좋은 점은 일단 글이 한눈에 들어온다는 점이다. 그 덕에 글을 읽기가 한결 편해진다. 그리고 짧은 문장들이 이어지면 글에 속도가 붙기 때문에 글을 쭉쭉 읽어 내려갈 수 있다. 그리고 문장이 짧을수록 상대방에게 명확한 의사전달을 할 수 있다.

"배에서 꼬르륵 소리가 나는 게 지금 배가 고픈 것 같은데 우리 같이 밥 먹으면 좋을 것 같아. 어때?"와 "진짜 배고프다. 밥 먹자."는 비슷한 말을 하는 것 같으면서도 묘하게 다르다. 이 두 문장 중 어떤 글이 더 '강력하게' 전달되는지 생각해볼 필요가 있다.

내가 처음에 글쓰기를 어려워했던 이유는 왠지 모르게 분량을 늘려야 할 것 같다는 압박 때문이었다. 그래서 괜히 불필요한 수식어나 미사여구를 붙여가며 글을 쓰곤 했다. 하지만 그럴수록 사람들은 내 글을 읽지 않았다. 이해하기도 어렵고, 지루해졌기 때문이다.

글쓰기 노하우를 하나라도 더 공유하고 싶은 마음에 부끄러운 과거를 하나 공개하려 한다. 이 글은 실제로 내가 좋아하는 걸 하며 살겠다고 선언하고 글을 막 쓰기 시작했을 때 작성했던 내용이다.

> **Before :**
> 필자도 시작하기 전에 이런저런 상황을 재가면서 고민만 하다 놓쳐버린 기회들이 많았다. 혹은 완벽하게 성공시켜야 한다는 스스로의 강박 때문에 오히려 실천하지 못한 것도 많았다.

이 글을 짧게 쓰면 이렇게 바뀐다.

> **After :**
> 시작하기 전, 난 항상 고민이 많았다. **왜냐하면** 상황을 쟀기 때문이다. 그러다 놓친 기회가 한둘이 아니다. 완벽하게 성공시켜야 한다는 그 강박. **하지만** 그 '강박' 때문에 오히려 실천조차 하지 못했다.

이렇듯 짧게 쓰기만 해도 글이 훨씬 매력적으로 바뀐다. 짧게 쓰다 보면 동시에 문장을 다듬는 효과도 있다. 또한 글에 속도감이 생겨 빠르게 몰입할 수 있다. 문장이 한눈에 들어와 술술 읽히고 내 뜻을 명확하게 전달할 수 있다. 무엇보다 상대방이 당신의 글을 쉽게 읽을 수 있다. 아직 글쓰기가 손에 익지 않았다면 문장을 최대한 짧게 끊는 연습을 해보자. 글의 전달력이 눈에 띄게 달라질 것이다.

3. 하나의 글엔 하나의 메시지만 담기

책에서도 느껴졌겠지만 난 상당히 말이 많다. 주변 사람들도

'넌 입 다물고 있을 때가 가장 좋다'고 할 정도다. 문제는 그 습관이 내 글에서도 고스란히 드러난다는 것이다.

예를 들면 A호텔을 방문하고 이 호텔이 왜 좋았는지에 대한 글을 쓴다고 가정해보자. 그럼 단순하게 '왜 좋았는지'만 쓰면 된다. 하지만 수다쟁이인 나는 용납할 수 없다. A호텔의 탄생 비화부터, 디자인 이야기, 서비스 이야기 등등 한참을 떠든 다음에 마지막에 왜 좋았는지를 이야기하는 식이다. 열심히 다 쓰고 나서 처음부터 글을 읽어보면 '내가 무슨 말을 하려고 하는 거지?'라는 생각이 자주 들었다. 그 이유는 바로 하나의 글에 너무 많은 이야기를 담으려 했기 때문이다.

우리의 목적은 책을 쓰는 것이 아니라, 우리가 좋아하는 걸 바탕으로 콘텐츠를 만들어 팬을 모으는 것이다. 온라인 세상은 알다시피 작고 네모난 화면으로 콘텐츠를 소비하기 때문에 사람들은 본인이 원하는 정보를 빠르게 얻지 못하면 가차없이 넘겨버린다. 여기에 더 큰 문제가 있다. 담고자 하는 정보량이 많으면 머릿속에 남지 않는다. 임팩트가 없기 때문이다. 메시지 전달에 실패한 글을 굳이 시간을 써가며 읽어야 할 이유가 없다.

하나의 글 안에 하나의 메시지만 담는 가장 쉬운 방법은 '범위를 좁히는 것'이다. 모든 것을 다 좁혀버리면 뾰족하고 매력적인 글이 탄생하게 된다. 여기에 덧붙이자면 추상적인 단어를 가급적 사용하지 않는 것도 초보자들이 접근하기 쉬운 훌륭한 방법이다. 무슨 말인지 예를 들어보겠다.

> **Before :**
> 주제 - 맛있는 커피 만드는 방법

　주제를 보자마자 머릿속이 복잡해질 것이다. 대체 어디서부터 어떻게 글을 써야 할지 막막하다. '맛있는'이란 단어부터 추상적이다. '맛있는'의 기준은 사람마다 다르기 때문이다. 맛있는 원두 종류부터 설명해야 할지, 그렇다면 원두를 생산하는 지역도 언급해야 할지, 아니면 바리스타가 커피 만드는 법에 대해 이야기할지 등 글의 방향을 잡기가 쉽지 않다. 한참을 고민하다 '에라 모르겠다' 하고 이것저것 다 다루다 보면 이도 저도 아닌 글이 탄생하는 것이다. 그렇다면 이 예시에 '하나의 글 하나의 메시지'를 적용해보면 어떻게 될까?

> **After :**
> 주제 - 일요일 오후 집에서 혼자 스타벅스 커피 만드는 방법

　이렇게 바꾸면 '커피 만드는 방법'에만 집중할 수 있다. 앞서 '맛있는'의 기준을 '스타벅스'로 내가 정해버리면 된다. 꼭 스타벅스가 아니더라도 '10년 차 바리스타가 만들 법한 커피', '호텔에서 마시는 커피'처럼 추상적인 단어를 명확하게 바꿔주는 게 핵심이다. 거기에 '집에서 혼자'라는 말을 써서 집에서 혼자 커피를 즐기는 사

람들의 관심을 끌 수 있는 주제가 완성되었다.

거듭 강조하지만 '하나의 글 하나의 메시지'를 쓰기 위해선 범위를 대폭 줄이는 것이 핵심이다. 글을 읽는 독자 폭이 좁아질까 걱정할 필요 없다. 다수를 설득하기 위해선 한 사람부터 제대로 설득해야 하기 때문이다.

만약 하고 싶은 말이 너무 많아 미련이 남을 땐 시리즈로 글을 쓰면 된다. '맛있을 수밖에 없는 원두 이야기', '초보자도 10년 차 바리스타처럼 커피를 내릴 수 있는 커피 머신 이야기' 등등. 그럼 콘텐츠도 늘어날 뿐 아니라 글도 뾰족하고 명확해진다. 읽는 사람도 만족스럽고 자연스럽게 당신을 신뢰하게 된다. 그렇게 팔로워를 늘려가는 것이다.

이렇게 해서 글에 힘을 빼는 세 가지 방법을 이야기해보았다. 정리하자면 '초등학생도 이해할 수 있어야 한다', '문장은 짧게' 그리고 '하나의 글엔 하나의 메시지' 이렇게 요약이 된다. 여기까지 큰 문제가 없었다면 다음 방법으로 넘어가보자.

온라인 글쓰기에도 노하우가 있을까

이제부터 다룰 방법은 글쓰기의 꽃이라고 생각한다. 글쓰기 초보들도 이 방법을 제대로 적용한다면 실력이 폭발적으로 성장하는 모습에 스스로 놀라게 될 것이다.

먼저 충격적인 사실을 하나 얘기하고 싶다. 사람들이 어떤 웹사이트에 접속해 여기서 나갈지 혹은 더 들여다볼지 결정하는 데 시간이 얼마나 걸릴까? 최대 6초이고 가장 짧은 경우는 3초다 (2021년 7월 Internet Trend 자료 기준). 분야마다 조금씩 차이가 있긴 하지만, 여기서 말하는 6초는 뭔가를 꼼꼼하게 보는 시간이 아니다. 스크롤을 거침없이 내렸다 올렸다 반복하면서 재미난 게 있는지, 나에게 득이 되는 것이 있는지 탐색하는 시간이다.

타이머를 켜서 6초를 재보면 생각처럼 짧은 시간은 아니다. 하지만 열심히 공들여 콘텐츠를 만들었는데, 6초 안에 사람들이 볼지 말지 결정이 난다고 생각하니 가슴이 아프다. 그마저도 넉넉하게 잡아서 6초다. 그래서 대부분의 유튜버들이 영상을 끝까지 보게 만들기 위해서 도입부에 자극적인 것 혹은 전체 영상 중 가장 하이라이트들을 보여주는 것이다. 글쓰기도 이와 다를 바 없다.

글에는 '리드'라는 게 있다. 리드란 미국 남북전쟁에서 유래한 것으로, 글의 맨 앞에 요지를 추려 쓴 짧은 문장을 뜻한다. 총탄이 어디서 날아올지 모르는 긴박한 상황 속에서 이것저것 설명하고 있을 수는 없다. 게다가 통신이 언제 끊길지 모르기 때문에 최대한 '핵심'만 '효율적으로' 전달하기 위해 고안된 방법이다.

그 이후로 리드는 신문 기사에서 많이 활용되었다. 뉴스 기사 중 제목 아래에 전체 내용을 핵심만 요약한 글을 본 적이 있을 것이다. 그게 리드 글이라고 생각하면 된다. 사람들은 그 리드 글을 먼저 보고 자세한 내용을 볼지 말지 결정하기 때문에 기자들은 이 리드를 잡는 데 엄청난 공을 들인다고 한다.

'6초, 유튜버들의 하이라이트 영상, 리드 글.' 눈치 빠른 분들은 느낌이 왔을 것이다.

쉽게 정리하면 리드는 글의 부분만 보고 전체를 읽고 싶게 만드는 장치다. 리드만 잘 써도 상대방을 6초 만에 사로잡을 수 있다. 하지만 우린 시간을 더 앞당겨 5초 안에 당신의 글에 빠져들도록 장치를 마련해보자. 그럼 사람들이 당신의 글을 끝까지 보게 될 것이다.

전문 기자도 아닌 우리가 어떻게 해야 리드 글을 조금이라도 수월하게 쓸 수 있을까? 사람들이 본인의 소중한 시간을 써가며 우리의 글을 읽어야 할 이유를 심어줘야 한다. 글의 서두에 '이 글을 읽었을 때 상대가 뭘 얻어갈 수 있는지'를 명확하게 짚어주면 글을 읽어야 할 동기가 생긴다.

아주 쉬운 예를 들자면 이런 식이다.

> 이 글을 다 읽고 나면 여러분들은 먹고 싶은 거 다 먹으면서 하루에 1kg씩 빼는 방법을 알게 됩니다.

그리고 그다음에 어떻게 이게 가능한지 설명해주면 된다. 여기서 중요한 것은 조회수에 혈안이 된 나머지 리드의 내용과 본문의 내용이 일치하지 않게 된다면 글은 신뢰를 잃는다. 그렇기 때문에 리드와 본문의 내용은 항상 일치해야 한다. 이 외에도 여러 방법들이 있다.

> **[호기심 자극형]**
> 1박에 무려 100만 원이 넘는 호텔은 대체 어떨까?

호기심 자극형은 일반적으로 많이 사용하는 방법이다. 호기심을 유발하고 뒤 내용을 더 읽고 싶게 만드는 형태다. 이 유형을 익히고 싶다면 유튜브에 들어가 썸네일들을 살펴보는 것도 효과적인 방법이다. 하지만 앞서 말했듯이 지나친 호기심 유발은 오히려 반발심을 불러일으키니 주의해야 한다.

> **[스토리텔링형]**
> 지금으로부터 약 1년 전. 충격적이 사건이 하나 있었다. 그게 뭐였냐면…

어릴 적 '옛날 옛적에~'로 시작하는 이야기들을 들어본 적이 있을 것이다. 저 문장만으로도 재미난 일이 일어날 것 같아 괜한 호기심에 이야기를 더 듣고 싶어진다. 친구들과 이야기할 때 "야 그거 알아?", "대박대박, 나 지난주에 말도 안 되는 일 있었잖아."라고 이야기의 포문을 활짝 열어두면, 과연 어떤 이야기가 나올지 기대한 채 당신의 말에 귀를 기울이지 않던가. 바로 이거다. 친구들에게 이야기의 물꼬를 트던 것처럼 글쓰기에 그걸 그대로 가지고 오기만 하면 된다.

대부분의 사람들은 '스토리'에 흥미를 갖는다. 스토리가 있는 글은 지루하거나 딱딱하지 않고 쉽게 읽히며 심지어 재미있기 때문이다. 머릿속에 오래 남는 재미난 스토리는 또 다른 곳에 소문처럼 퍼져나가기도 한다. 발 없는 말이 천 리 가는 순간이다. 스토리텔링형도 강력한 리드 중 하나다.

스토리텔링형으로 리드를 쓸 때 너무 어렵게 생각할 필요 없다. 평소 친한 친구들에게 말하던 것을 똑같이 글로 옮기면 된다. 그런 다음 쉽고, 짧게, 하나의 문장엔 하나의 메시지를 기억하면서 살짝 다듬어주면 된다. 그렇다고 전공 서적에 나올 법한 말투로 다듬지는 않길 바란다.

마지막으로 살짝 머리를 써야 하지만 아주 강력한 효과를 가진 방법이 있다. 바로 예상치 못한 파격을 주는 것이다. 길을 가다 갑자기 누가 "빵!" 하면 깜짝 놀라 나도 모르게 눈길이 가듯 이목을 집중시키는 효과가 있다. 아래의 예시를 살펴보자.

[비틀기형 1]
Before :
세상과 단절하고 싶을 때 가기 좋은 호텔로 이곳을 추천한다.
After :
들어가는 순간 묵언수행 가능한 호텔이 있다. 세상과 단절을 원한다면 여기가 제격이다.

일상에 찌들어 잠시 세상과 단절하고 싶을 때 가기 좋은 호텔에 대한 글을 쓰려고 한다. 하지만 이렇게만 쓰면 다소 밍밍하다. 여기에서 살짝 비틀면 이렇게 된다. '들어가는 순간 묵언수행 가능한 호텔.' 그만큼 고요하고 단절되었다는 느낌을 더 강하게 주는 것이다. 비튼다는 것은 우리가 생각하고 있던 상식에서 살짝만 벗어나면 된다. 가장 쉬운 방법은 쓸 내용을 먼저 생각한 다음, 서로 어울릴 것 같지 않은 두 가지를 연결해보는 것이다.

> **[비틀기형 2]**
> **Before :**
> 즐길 거리가 많은 호텔을 찾는 분이라면 이 글이 도움이 될 것이다.
> **After :**
> 여기 쉴 틈이 없는 1도 없는 호텔이 있다. 주말을 깨알같이 즐기고 싶은가. 그럼 바로 여기다.

비틀기형의 또 다른 예시다. 호텔을 떠올리면 보통 '쉼'이라는 개념이 연상된다. 하지만 '쉴 틈이 1도 없다'며 반전을 주면서 비틀었다. 이 경우 '대체 얼마나 즐길 거리가 많길래 쉴 틈이 없다는 걸까?'라는 반응을 이끌어냄으로써, 사람들이 글을 더 읽어볼 수밖에 없도록 만든다. 리드의 다음 내용은 당연히 어떤 즐길 거리와 다양한 시설들이 있는지 설명해나가면 된다.

하지만 이 또한 너무 비틀어버리면 독자들의 반발을 살 수 있으니 과하게 비트는 것은 지양하자. 그리고 여기에 한 가지 더, 강력한 글쓰기 방법이 있다. 아직 많이 알려지지 않은 방법이면서 내가 가장 애용하는 방법이기도 하다.

'예스트랩'과 '콜드리딩'

이런 적 있지 않은가. 생전 처음 보는 사람과 단둘이 함께 있는 상황. 숨 막힐 정도로 어색하지만 둘 사이에 한 가지 공통점이라도 발견되면 급격하게 친해지는 그런 경험. 아마 다들 그런 경험을 한 번쯤은 해봤을 것이다. 상대와 나 사이에 공통점이 발견되면 우린 '공감'을 하게 된다. 그리고 나도 모르게 마음의 벽이 허물어진다. 없던 호감도 생긴다. 공감의 힘이란 이렇게 강력하다. 바로 여기에 '계속 읽을 수밖에 없는 글'의 핵심이 담겨 있다.

초 단위로 수만 개의 콘텐츠가 올라오는 SNS. 우린 리드를 통해 6초 안에 상대를 사로잡아야 한다. 하지만 리드 하나만 가지곤 부족하다. 당신이 열심히 쓴 글을 잠깐 읽고 뒤로 가기를 눌러버리면 팔로워도 늘지 않고, 글의 반응도 알 수 없다. 반대로 당신의 글을 끝까지 읽었다는 것은 그만큼 흥미를 느꼈다는 뜻이다. 자연스럽게 상대는 당신의 팬이 된다. 그리고 당신의 또 다른 콘텐츠를 기다리게 된다. 그렇다면 사람들이 '뒤로 가기'를 누를 수 없게 글을 쓴다면 어떨까?

나는 이것을 '예스트랩(Yes Trap)'이라 부른다. 글을 보면서 '어 그래, 맞아 맞아, 공감!'이라는 반응을 3회 연속으로 이끌어내야 한다. 한 번으론 부족하다. 적어도 3회는 이끌어낸다고 생각하는 게 좋다. 그렇게 마음의 벽이 허물어진 상대를 글 안에 가둬버린다. 끝까지 읽게 말이다. 예스트랩의 핵심은 '공감'을 불러일으키는 문장을 쓰는 것이다. 이해를 돕기 위해 에스트랩이 어떤 느낌인지 예를 하나 들어보겠다. 이 예시는 내가 실제로 이벤트를 기획할 때 사용했던 에스트랩이다.

> **'나 바빠', '시간이 너무 빨리 간다'라는 말.** 저조차도 이런 말을 입에 달고 삽니다. 그렇게 오늘도 어김없이 일에 치여 정신없는 하루가 지나갔군요. **지금 내가 올바른 길을 가고 있는지 걱정을 끌어안고 잠이 듭니다.**
> 이젠 **시간이 '나서'가 아닌 시간을 '내서' 쉼을 느껴야 한다는 현실이 아쉽**습니다. 그마저 **시간을 내기 위해서 어디로 갈지, 뭘 할지 알아보느라 시간을 써야 하는 아이러니가 생기죠.** 그래서 제가 대신, 그 시간을 내드리려 합니다.
> 한 걸음 앞으로 내딛기 위해 우리 잠시 쉬어갑시다.

이 이벤트의 타깃은 20대 후반 30대 초반의 직장인이었다. 좀 더 자세히 말하자면, 매일같이 바쁘게 사느라 쉬어갈 틈도 없었던 직장인들이다. 그래서 그들이 공감할 수 있는 문장을 써야 했다. 여기서 굵은 글씨에 주목해보자.

위 문장들은 과거에 내가 회사를 다니던 시절 동료, 선배들에게 정말 자주 들었던 말이다. 그때의 기억을 떠올려 글로 풀었다. 이처럼 <u>에스트랩을 사용하기 위해선 내가 설득하고자 하는 상대방이 어떤 포인트에서 공감을 할지 생각하는 게 선행되어야 한다.</u> 우리는 지금 문학작품을 쓰는 것이 아니다. 글쓰기로 사람의 마음을 움직여 당신의 팬으로 만드는 것이 주 목적이다. 그렇기 때문에 습관적으로 상대(타깃)의 관심사를 파악할 수 있어야 한다.

그렇다면 글을 쓸 때마다 계속해서 상대의 관심사를 연구해야 할까? 아쉽지만 그렇게 하는 게 정석이다. 그렇지만 정석대로 매번 상대방을 조사하고 분석할 수도 없는 노릇이다. 그것도 상당히 많은 품이 들어가기 때문이다. 그래서 상대방에 대한 정보 없이도 관심사를 파악할 수 있는 방법에 대해 이야기하려 한다.

바로 '콜드리딩(Cold Reading)'이다. 콜드리딩은 강력하다. 상대의 관심사를 간파하고 있기 때문에 '취향저격' 하는 콘텐츠를 만들어 팔로워를 늘릴 수 있을 뿐만 아니라, 무언가를 쭉쭉 팔리게끔 만들 수도 있다.

어려운 것 없다. 정말 특별한 인생을 살지 않는 한, 연령대별로 관심사가 어느 정도는 비슷하게 정해져 있다. 우리의 타깃 연령대에 맞게 이 관심사들을 꺼내서 사용하면 된다. 그 관심사는 아래와 같다.

- 10대: 자기만의 시간, 용돈, 알바, 진로
- 20대: 성장, 발전, 도전, 사랑, 취업
- 30대: 가정, 안정, 결혼, 자녀, 연봉
- 40대: 자녀의 진로, 교육비
- 50대: 부부 관계, 노후 준비, 건강
- 60대: 퇴직 후 생활, 연금, 건강

보통 사람들과 전혀 다른 특별한 삶을 살지 않는 이상, 이 흐름대로 흘러간다. 위 내용을 참고하면 연령대별 관심사를 쉽게 파악할 수 있고, 이를 세부적으로 활용해 공감 포인트를 잡기 훨씬 수월해진다. 그리고 내가 생각하고 있는 타깃의 공감을 불러일으키는 예스트랩을 활용하기도 쉬워진다. 즉, '콜드리딩'을 활용해서 글 서두에서 상대의 공감 반응을 3회 연속으로 일으키는 것이 바로 '예스트랩'이다.

지금까지 우리의 팔로워를 쭉쭉 늘려줄 글쓰기 방법에 대해 알아보았다. 글쓰기의 중요성은 앞으로 점점 더 대두될 것이다. 글을 쓴다는 것은 어떤 사건이나 사물에 대해 사유하는 것과 같다. 글만 썼을 뿐인데 사고력과 통찰력이 생길 것이다. 남들이 쉽게 갖지 못하는 무기 하나를 손에 쥐는 것과 같다. 요즘처럼 자기 자신을 적극적으로 표현해야 하는 시대에선 '글쓰기'는 기본이다. 어떤 SNS를 활용하더라도 '글을 써야 하는 곳'이 반드시 있다. 사진 혹은 영상만 툭 올리는 것도 좋지만 사진이나 영상 아래에 깔끔한 글을 덧붙인다면 그 콘텐츠는 단언컨대 2배, 3배 좋은 반응을 얻을 것이다.

글은 직관적이다. 글은 모든 것의 시작이다. 유튜브를 찍더라도 화려한 언변을 갖춘 게 아니라면 대본이 필요할 것이다. 온라인에서 물건 하나를 팔더라도 제품을 설명하는 상세 페이지가 필요하다. 하다못해 이성의 마음을 사로잡을 때도 작은 선물과 함께 건네줄 편지가 필요할 것이다. SNS에서 인지도를 쌓으려면 상대방에게 전달하는 무언가가 있어야 하는데, 그 무언가를 전달하는 방법은 결국 또 글쓰기다.

나는 글쓰기 하나만으로 좋아하는 것을 하며 돈을 벌고 살고 있다. 지금의 나를 만든 건 오직 '글쓰기' 하나뿐이다. 그래서 난 확신할 수 있다. 당신이 글쓰기의 중요성을 깨닫는 순간, 글쓰기는 당신의 인생을 바꿔놓을 것이다. 좋아하는 일을 하면서도, 더 큰 부와 함께 많은 기회를 거머쥘 수 있다.

하늘이 무너져도
솟아날 구멍이 있을까

"죄송합니다. 아직 저희는 채용 계획이 없습니다."
"다음 번에 기회가 되면 연락드리겠습니다."

대학을 졸업하기 직전, 내 모습이 떠오른다. 있는 돈 없는 돈 다 끌어모아 한 달간 유럽 여행을 다녀왔다. 여행이 끝나고 다시 인천공항에 도착했을 때 남은 잔고는 단 2만 원. 살기 위해선 취업을 해야 했다. 원하는 회사에 입사하고자 돌렸던 수많은 이력서와 포트폴리오. 그리고 돌아온 수많은 거절. 지원할 권리는 나에게 있지만 거절할 권리는 상대에게 있었다. 지원을 거절당하면 왠지 모를 수치심과 부끄러움을 주체할 수가 없었다.

그로부터 몇 년 뒤, 다니던 회사를 퇴사하고 사비를 털어 호텔을 돌아다녔다. 하지만 이 속도로 호텔을 계속 돌아다니다 보면 모아놓은 돈이 금방 사라질 것이 분명했다. 그래서 이왕이면 나도 '협찬'이란 것을 받아보고 싶었다. 호텔은 내게 객실을 지원해주고 나는 이들을 홍보해주면, 이건 아무리 생각해도 윈윈(win-win)인 구조가 아닐까? 연락을 한다고 받아줄지는 모르겠지만 원하는 회사에 이력서를 돌리듯, 내가 가고 싶은 호텔에 연락해 제안을 하기 시작했다.

"다음 번에 기회가 되면 다시 연락드리겠습니다."

돌아오는 건 거절이었다. 하늘이 무너지는 기분이었다. 또 거절이라니. 회사도 그렇고 호텔도 그렇고, 왜 그렇게 거절을 당했을까? 그 당시를 돌이켜보면 나는 무척 긴장한 상태였다. '과연 내 제안 글을 읽어줄까?', '거절하면 어떡하지?'라며 온갖 걱정 때문에 메일을 써두고 며칠 동안 보내지 못한 적도 있었다. 하지만 두드리지 않으면 문은 열리지 않는다고 했다. 나중에 후회하지 말고 일단 두드려보기로 했다.

난 분명히 문을 세게 두드린 것 같은데 문이 열리지 않았다. 협찬을 해준다고 하는 곳은 단 한 군데도 없었다. 현실은 드라마가 아니었다. 메일을 읽었지만 답이 없는 경우도 있었고, 아직 계획이 없다며 정중하게 거절한 곳도 있었다. 진심으로 부끄러웠다. 민낯을 드러낸 것 같았고, 옷이 발랑 벗겨진 채로 길거리에 내놓이면 이런 기분일까 싶었다. 두 번 다시 제안 같은 건 하지 않겠다는 생각까지 했다. 거절을 당하면 당할수록 나는 점점 작아졌다.

난 거절에 익숙하지 않았다. 거절당했을 때 느껴지는 무안함과 부끄러움을 피하고 싶었다. 평소에도 부탁을 쉽게 거절하지 못하는 타입이었다. 하지만 <mark>거절을 당하는 것에도 연습이 필요하단 것을 알게 되었다.</mark> 좋아하는 것을 하며 살다 보면 누군가의 도움이 필요할 때가 반드시 찾아온다. 나 혼자의 힘으로 하는 것도 한계가 있기 때문이다.

우리가 도움의 손길을 쉽게 요청하지 못하는 이유 중 하나는 바로 이 '거절에 대한 두려움' 때문이다. 그렇다고 거절이 무서워서 도움을 요청하지 못한다면, 엘리베이터를 타고 편하게 올라갈 수 있는 것을 계단으로 힘겹게 한 층 한 층 올라가야만 한다. 어찌 되었든 둘 다 올라가는 것은 마찬가지이긴 하니 선택은 자유다. 하지만 엘리베이터를 타고 싶다면 우린 거절에 익숙해져야 한다.

거절에 익숙해지는 방법은 아주 간단하다. 거절을 당해봐야 한다. 거절에 대한 내성이 생길 때까지 말이다. 덕업일치의 핵심은 '처음' 하는 것에 대한 두려움을 뛰어넘는 것이다. 거절이라고 다를 바 없다. 첫 거절이 부끄럽고 창피해서 그렇지 두 번 세 번 당하다 보니 점점 거절에 익숙해졌다.

그래서 나는 거절당하는 두려움을 극복하기 위해 말도 안 되는 프로젝트를 진행하기로 했다. 이름하여 '1일 1거절 프로젝트'.

특별한 건 없다. 하루에 한 군데씩 찔러보는 것이다. 거절당할 걸 알고 찌르는 것이다. 하지만 나도 사람인지라 '혹시나 문이 열리지 않을까'라는 일말의 희망을 마음속에 품고 있긴 했다. 하지만 역시 문은 열리지 않았다. 그렇게 2주 정도 매일 거절을 당하다 보니 놀랍게도 거절에 대한 두려움이 많이 사라졌다.

처음에는 나를 이상하게 생각하진 않을지, 나를 무시하지 않을지 걱정했다. 하지만 정말 다행인 것은 나를 이상하게 생각할 만큼 내가 대단한 위치에 있지 않다는 것이다. 이게 무슨 말이냐면, 내 제안을 거절하는 사람은 정작 나를 기억하지 못한다는 것이다. 이 얼마나 행운인가. 이렇게 생각하니 거절당하는 게 더욱 수월해졌다. 나중엔 오히려 거절을 즐기는 것 같기도 했다. 믿기지 않겠지만 수차례 거절을 당하고 나니, 거절도 나에게 도움이 될 수 있다는 사실을 깨닫게 되었다.

거절을 기회로 바꾸는 방법은 뭘까

나는 여러 차례 거절당할 때마다 한 걸음씩 앞으로 나아갈 수 있었다. 거절을 당했는데 오히려 성장을 할 수 있다니? 그렇다. 거절당해야만 배울 수 있는 것들이 존재한다. 하지만 대부분의 사람들은 거절을 두려워하기 때문에 이 중요한 사실들을 경험조차 할 수 없다.

거절을 기회로 바꾸는 방법을 안다면, 거절당하는 것에 대한 두려움은 온데간데없이 사라질 것이다. 내가 수많은 거절을 당하면서 깨달은, 거절을 당해야만 알 수 있는 것들을 지금부터 공유해 보려고 한다.

1. 객관적인 내 위치를 알 수 있다

나처럼 혼자 활동하는 경우 이런 문제가 생긴다. 인간은 자고로 남에겐 냉철하고 자신에겐 관대한 법. 혼자 활동을 하다 보면 현재 내 위치가 어느 정도 되는지, 어디쯤 왔는지를 객관적으로 판단하기 쉽지 않다. 사람은 듣고 싶은 대로 듣고, 보고 싶은 대로 보는 경향이 있다. 누군가가 내게 '이전과 많이 달라졌다'며 칭찬의 말을 해주면, 그게 거짓인지 진실인지 따져보지도 않고 '아 그런가?'라며 내가 정말 성장했다고 믿어버린다. 그게 마음도 편하고 기분도 좋기 때문이다.

이게 반복되면 '나의 객관적인 위치'와 '내가 생각하는 나의 위치' 사이엔 엄청난 괴리가 생긴다. 그렇게 현재 내가 처한 상황을 제대로 보지도 못한 채, 스스로 성장했다는 착각 속에 갇힌다. 그러니 당연히 거절을 당했을 때 당혹스럽기도 하고, 나를 거절한 상대를 이해할 수 없어 부정적인 감정에 휩싸이게 된다.

이때 '거절'은 훌륭한 특효약이다. 일종의 충격 요법이다. 상대방이 나를 왜 거절했는지 입장 바꿔 생각해보자. 어떤 모르는 사람이 나에게 제안을 하겠다며 이메일을 보냈다고 가정해보자. 내가 알고 지내던 사람 혹은 일면식이 있는 사람이 아니라면 먼저 경계부터 하기 마련이다. 그래도 일단 속는 셈 치고 파일을 열어본다. 뭐 나쁘지는 않아 보인다. 제안한 아이디어가 괜찮다는 생각도 든다.

그다음에 확인하는 것은 뭘까. 바로 이 사람이 믿을 만한 사람인지다. 이를 판단할 수 있는 근거를 '사회적 증거'라고 한다. 흔히 말하는 경력과 이력 사항이 이를 대변한다. 요즘 같은 시대엔 SNS가 강력한 사회적 증거가 되기도 한다. 이 사람이 어느 정도 영향력이 있는지, 인지도를 잘 쌓아왔는지, 그래서 내게 어떤 이득이 될지를 계산해본다. 그런데 제안한 아이디어는 너무 좋지만 사회적인 증거가 부족하다면 어떻게 될까? 그렇다. 바로 거절이다.

거절을 당했다면 그 원인을 사회적 증거가 부족하거나, 아이디어가 좋지 않았다거나 둘 중 하나라고 생각하면 마음이 편하다. 서로 잃는 것 없이 윈윈 할 수 있는 제안을 했음에도 불구하고 거절을 당했다면, 내 사회적 증거가 상대방의 기준에 못 미쳤기 때문이다. 나는 성장했다고 생각하지만 관계자들의 눈에 아직 나는 기준 미달인 셈이다. 이러한 것들은 거절을 당했을 때만 비로소 알 수 있는 귀한 깨달음이다.

여기서 중요한 점은, 거절을 당했을 때 남 탓을 하는 건 굴러 들어온 다이아몬드를 발로 걷어차는 것과 같다는 사실이다. 우리가 거절을 통해서 성장할 수 있는 근본적인 이유는 내가 왜 거절을 당했는지 '원인'을 찾을 수 있기 때문이다. 그리고 그 원인이 남이 아닌 '나'에게 있다는 것을 깔끔하게 인정하고 받아들이는 것에서 '성장'이 시작된다.

거절당하는 순간에는 당연히 부끄럽기도 하고 기분도 유쾌하지 않다. 하지만 기분이 나쁘다고 멈춰선 안 된다. 왜 거절당했을까 유심히 생각해볼 수 있는 기회를 놓치는 셈이다. 상대방이 나를 '거절'해준 덕분에 지금의 내 위치를 돌아보게 된다. 자만하지 않고 다시 겸손한 태도를 가질 수 있다. 혹여나 누군가에게 거절을 당했다면 귀한 깨달음을 준 상대방에게 정중히 감사함을 표하자. 그리고 '몸집을 더 키워서 다시 돌아오겠다'며 멋진 포부를 한 줄 남겨놓자. 그때 상대는 나를 기억할 것이다.

2. 제안 연락을 하는 노하우가 생긴다

사실 나보다 더 높은 위치에 있는 조직이나 사람에게 연락하는 것은 두렵다. '과연 그 사람이 나를 봐줄 시간이나 있을까?'라고 추측하며 시도조차 하지 않는다. 하지만 그건 어디까지나 '추측'이지 '사실'이 아니지 않던가. 사실인지 아닌지는 확인해봐야 한다. 잃을 것도 없는데 두려울 것이 뭐가 있을까? 거절당한다고 갑자기 내 인생이 나락으로 떨어지는 것도 아닌데 말이다. 그래서 거절에 익숙해지는 것이 선행되어야 한다.

거절에 익숙해지면 '어차피 거절당할 거 한번 찔러나 보자.'라는 마음가짐을 갖게 된다. 제안을 대충 한다는 뜻이 아니다. 오히려 "제발 나랑 같이 뭐 해봅시다!"라는 식의 부담스러운 태도에서 "나는 어떤 사람이고, 이런 아이디어가 있는데, 우리 같이 협업하면 시너지가 날 것 같다. 많이 바쁘실 테니 꼭 답변을 주지 않아도 괜찮다."라며 담백하지만 당당함이 느껴지는 제안을 할 수 있게 된다.

　여기서 핵심은 '바쁘면 굳이 답을 주지 않아도 괜찮다'는 문장이다. 상대방이 거절을 할 때 느끼는 약간의 '미안함'이라는 짐을 덜어주는 것이다. 그런데 놀랍게도 대부분 답변이 온다. 그게 거절의 답변일지라도 말이다. 읽고 답변이 없는 것보단 몇만 배 낫다. 적어도 의사소통을 했으니 말이다. 욕심 부리지 말고, 한발 뒤로 물러서자. 다음 번에 다시 무언가를 요청할 때 이미 한 번 이야기를 나눴던 사이라면 문을 열기 조금 더 수월해질 것이다.

　한 번 거절당한 곳에 또 제안을 하면 괜히 이미지가 안 좋아질 것 같아 걱정될 수 있다. 그런데 우린 이미지를 해칠 만한 이야기를 하지 않았다. 무작정 돈을 달라고 요구한 것도 아니고 면전에 대고 욕을 한 것도 아니다. 그저 서로 시너지를 낼 수 있는 협업을 할 수 있지 않을까 하는 바람에서 제안을 한 것이고, 상대의 입장에선 내가 그들의 기준에 미치지 못했기 때문에 거절을 한 것뿐이다.

　하지만 시간이 조금 지나 거절당한 곳에 다시 한번 제안했을 때, 여전히 내가 과거와 별 차이가 없는 상황이라면 말이 조금 다르다. 그때는 '이 사람은 발전이 없네.'라며 내 이미지를 깎아먹을 수 있다. 따라서 거절당했던 곳에 다시 한번 제안을 하고 싶다면, 과거보다 확실하게 성장한 모습을 보여주는 게 좋다. 적어도 열심히 노력한다는 인상은 강력하게 심어줄 수 있다. 혹시 누가 알까? 그런 모습에 감동받아 어느 날 상대방이 나에게 먼저 제안을 하는 날이

올지. 아무것도 하지 않으면 아무 일도 생기지 않는다. 싹이 트려면 먼저 씨앗을 뿌려야 한다.

3. 문은 언제 어디서 열릴지 모른다

그렇게 문을 두드리고 다니다 보면 반드시 문이 하나쯤은 열리기 마련이다. 다만 그 문이 언제 어디서 열릴지는 아무도 모른다. 놀라운 건 기회란 정말 뜻하지 않은 상황에 생각지도 못한 곳에서 찾아온다는 것이다. 그리고 그 문 덕분에 고속 성장을 하게 될 수도 있다. 이게 바로 우리가 거절에 익숙해져야 하는 결정적인 이유다. 거절당하는 두려움이 사라지고 나면 문을 두드려보는 걸 대수롭지 않게 생각한다. 궁금하면 일단 두드리게 되는 자신을 발견할 것이다.

하지만 가벼운 마음으로 아무 생각 없이 문을 두드리면 아까운 에너지만 낭비하게 될 수도 있다. 문을 두드리는 것에도 요령이 있다. 입사 지원서를 쓸 때 자기소개서를 다시 쓰기 귀찮고 번거롭다고 같은 내용을 그대로 복사, 붙여넣기 해서 이곳저곳 뿌린 적이 있는가? 입장 바꿔 생각해보면 누군가 나에게 제안을 했는데 왠지 나 말고 다른 곳에도 똑같은 제안을 한 것 같단 생각이 들면 어떨까? 이 사람은 그냥 여기저기 뿌리고 다니는구나 하는 생각이 들지 않을까. 매력적으로 느껴지지 않고 오히려 반감만 생긴다.

즉, 문을 열고자 하는 대상에게 '관심'이 없으면 그 문은 다음

생에 다시 태어나도 열리지 않을 것이다. 거절당하는 확률을 낮추는 가장 훌륭한 방법이자 기본적인 방법은 상대방에게 관심을 기울이는 것이다. 하지만 많은 사람들이 이 사실을 놓친다. 상대방에게 관심을 보이는 것은 단순히 인터넷에서 검색을 해보는 것으로도 가능하다. 하지만 잠깐의 검색으로 알아낸 정보는 껍데기에 불과하기 때문에 금방 밑천이 드러난다.

누군가와 같이 일하고 싶다는 생각이 들면, 그 생각이 왜 들었는지, 왜 하필 그 대상을 선택했는지에 대한 이유가 있을 것이다. 보통 상대는 내가 갖고 있지 않은 무언가를 가지고 있을 확률이 높다. 그렇다면 그것이 과연 무엇인지 상대방에 대해 공부를 해야 한다. 지피지기면 백전백승이란 말도 있지 않던가. 사람은 자기에게 관심을 갖고 다가오는 사람을 쉽게 내치지 못한다. 상대가 나에 대해 공부한 흔적이 보이면 괜히 기분이 좋아지고, 심지어 없던 호감이 생기기도 한다. 이왕 두드릴 문이라면 제대로 두드리자. 문은 언제 어디서 열릴지 알 수 없다.

이 세 가지만 명심한다면 우린 거절을 당해도 의기소침해지지 않고 오히려 앞으로 한 발짝 더 나갈 수 있다. 함께 일하고 싶은 대상이 생각난다면 당당하게 연락해보자. 대신 그 대상이 어떤 사람 혹은 어떤 브랜드인지 주의 깊게 관심을 가진 후 연락하는 것도 잊지 말자.

거절당하는 것에 익숙해지란 말은 '무작정 더 많이 거절당하라'는 뜻이 아니다. 거절에 대한 두려움을 극복하고 문을 제대로 두드려보라는 의미다. 거절당하는 것은 결코 부정적인 것이 아니다. 거절에 대한 관점을 바꾸면 오히려 거절을 통해서 배우고 성장하는 계기가 된다. 거절은 새로운 기회를 만들어주는 신호탄이다.

좋아하는 것이 싫증 날 땐 어떻게 해야 할까

하루는 호텔에서 체크아웃을 하고 집으로 돌아오는 길. 문득 이런 생각이 들었다.

'아… 호텔 진짜 재미없다.'

호텔의 문만 쳐다봐도 신물이 나올 것 같았다. 호텔이 좋다고 신이 나서 단 1주도 쉬지 않고 1년 가까이 돌아다니다 보니 결국 질려버렸다. 남들이 나를 보면 매번 호텔에 다니며 인생을 즐기는 사람이라고 생각할지도 모르겠다. 하지만 나에게 호텔은 쉼터가 아닌 일터였다. 난 호캉스를 제대로 해본 적이 단 한 번도 없었다. 이 호텔을 어떻게 글로 담을지 새벽까지 연구하고 고민하며 잠이 드는 생활을 1년 가까이 했다. 결국 지치고 말았다. 아무리 좋아하는 거라도 평생 좋을 수만은 없나 보다.

　이렇게 한번은 좋아하는 것과도 거리를 두고 싶을 때가 온다. 소위 '권태기'다. 권태기가 한번 오니 호텔이 실증나고, '과연 이렇게 사는 게 맞을까?'라는 생각까지 들었다. 그때 당시 나는 어떻게든 이 권태기를 극복하려고 일부러 더 호텔을 다녀보기도 하고, 이럴 때일수록 더 달려야 한다며 더 많은 스케줄을 소화하려고 했다. 하지만 그럴수록 마음 한 켠이 공허해졌다.

　어떻게 해야 할까? 나는 좋아하는 걸 하며 사는 삶은 마냥 행복하고 좋을 거라 생각했는데, 이것마저 질려버리면 이대로 끝인 걸까?

　<u>권태기를 극복하는 방법은 권태기를 극복하지 않는 것이었다</u>. 나는 연인 관계, 부부 관계, 친구 관계도 모두 똑같다고 생각했다. 좋아하는 이성을 처음 만나면 가슴이 두근거리고 설레기 마련이다. 마음속에 스파크가 번쩍번쩍 튀며 상대방의 모든 것이 흥미롭다. 매일 만나고 싶고, 떨어지기 싫고, 보고 있어도 또 보고 싶어질 때도 있다. 하지만 시간이 지나면 어떨까. 그런 감정은 애석하게도 오래가지 않는다. 길어야 2, 3년이라고 하지 않던가. 때로는 잠시 상대와 거리를 두고 나만의 시간을 갖고 싶기도 하고, 그러다 보면 상대방에게 너무 소홀했나 하는 생각이 들어 다시 관계에 더 집중할 때도 있다. 거리를 두고 싶은 이유는 단순히 상대방이 미워

서 그런 게 아니다.

친구 사이라고 별반 다를 것 없다. 마음이 정말 잘 맞는 친구를 만나면 매일 함께 놀고, 여행도 가고, 퇴근하고 술 한잔하며 인생 이야기도 나눈다. 그러다가도 "우린 평생 가는 거야!"라는 도원결의가 무색하게 살짝 거리를 두고 싶을 때가 생긴다. 새로운 친구들을 만나고 싶다는 생각도 든다. 이 역시 그 사람이 싫어서가 절대 아니다.

처음엔 상대방과 함께하고 싶단 생각에 나보단 상대에게 혼신을 다해 집중한다. 그렇게 상대방을 위해 살다가 돌이켜보니 불현듯 '잠깐만, 나는 어디 있는 거지?'라는 생각이 드는 것뿐이다. 지극히 정상이다. 어떻게 초반의 그 두근거리고 설레는 감정이 쭉 유지될 수 있을까? 그럴 수는 없다. 오르막이 있으면 내리막도 있는 것처럼 관계 또한 마찬가지라 생각한다. 상대가 싫어서, 꼴 보기 싫어서가 아니다.

주변에 오래 가는 장수 커플 혹은 부부, 십년지기 친구들을 떠올려보자. 이들은 어떻게 오래 함께할 수 있었을까? 각자의 시간은 존중하고, 또 서로를 챙길 때는 확실하게 챙긴다. 상대를 자신의 기준에 맞게 붙잡아두려 하지 않는다. 느슨해졌지만 오히려 더 끈끈하고 오래갈 수 있는 관계다.

덕업일치의 삶도 크게 다르지 않다. 지긋지긋한 '남의 일' 대신 내가 좋아하는 걸 하며 나를 위한 삶을 살겠다고 이 길을 걷기 시작한다. 처음엔 매일이 새롭고 설렐 것이다. 남들은 매일같이 회사에 출퇴근하며 재미없는 삶을 살아가는데, 당신은 그 시간에 '내 일'을 하고 있단 생각에 가슴이 미친듯이 뛸 것이다. 더더욱 열심히 앞만 보고 달린다. 좋아하는 걸 잘하게 만들고 그걸로 돈까지 버니 더 신이 날 수밖에 없다. 더 힘차게 달린다. 우사인 볼트처럼 빠르게 달린다. 그리고 질린다.

그렇게 좋아하던 일이 갑자기 귀찮고, 재미없고, 지루하게 느껴진다.

자연스러운 현상이다. 드라마 속 비련의 주인공인 척하지 말자. 다시 한번 말하지만, 지극히 정상적인 상황이다. 이렇게 좋아하던 것이 실증 날 때, '난 반드시 이 일을 좋아해야만 해!'라며 나를 가두는 순간 더 피곤해진다. 있는 그대로 두자. 그땐 잠시 좋아하는 일과도 떨어져서 지낼 시기가 찾아온 것이다. 이때 당신이 해야 할 것은 딱 한 가지다. '내가 왜 좋아하는 걸 하며 살고 싶어했는지'를 돌이켜보는 일이다.

내가 일한 만큼 수익이 생기거나, 가시적인 성과가 있으면 신이 나서 일에 더 적극적으로 뛰어들 것이다. 하지만 내가 쏟아부은 시간과 노력에 비해 눈에 띄는 성과가 나지 않으면 그때부터 서서히 지쳐서 실증이 나기 시작한다. 시간을 얼마나 더 투자해야 할지 막연하기 때문에 불안해지기도 한다. 여기서 포기하면 모든 것이 원점으로 돌아간다. 반복되는 일상과 숙취, 카드값에 쫓기는 그런 삶. 난 돌아가고 싶지 않았다. 그래서 첫 번째 성과가 나올 때까지 눈 딱 감고 밀고 나가기로 다짐했다.

여기서 말하는 첫 번째 성과란 대단한 것이 아니다. 이를테면 팔로워 ○○명 만들기, ○○○과 협업해보기, 콘텐츠 ○○개 만들어보기 등 단순한 성과들이다. 첫 번째 성과를 강조하는 이유가 있다. 첫 성과를 냈을 때의 쾌감과 희열은 정말 짜릿하기 때문이다. 그 느낌에 취해서 또 다른 목표를 스스로 세우게 된다. 그렇게 한 걸음 앞으로 나갈 수 있게 된다. 그 짜릿함 때문에 힘들다는 생각, 포기하고 싶단 생각을 하지 않게 된다.

물론 첫 번째 성과를 이루고 난 후에도 좋아하는 것이 실증 날 수도 있다. 그럴 때는 어떻게 해야 할까? 사람과의 관계만 봐도 쉽게 알 수 있듯 좋은 때가 있으면 싫은 때도 있는 법이다. 그래서 이럴 땐 잠시 거리를 두어도 괜찮다. 다만 오해하면 안 될 것이 있다. '거리'를 두는 것이지 '그만'두는 게 아니다. 거리를 둔다는 말은 잠시 쉬어간다는 것을 뜻한다. 하던 일을 잠시 멈추고 다른 일에 집중하다가 다시 '돌아오는 것'이다. 권태기는 늪과 같아서 빠져나오려고 할수록 더욱 깊게 빠져든다. 힘들게 극복하려고 하지 말자. 스스로에게 포기하지 않고 반드시 돌아오겠다는 약속을 한 채 잠시 거리를 두자. 그리고 이렇게 생각하자.

'지금은 잠시 떨어질 때구나.'

나도 나를 믿을 수 없다면

그날도 호텔을 세우겠다는 목표 아래 열심히 콘텐츠를 만들며 사람들을 모으고 있었다. 하지만 집중력이 그렇게 좋은 편이 아닌 나는 15분 정도 집중하다가도 저녁엔 뭐 먹을지, 핸드폰에 연락 온 것은 없는지, 갑자기 책을 읽고 싶다든지 별의별 생각을 다 하곤 했다. 그러다 허리가 아프다는 핑계로 잠깐 침대에 누워 있다 보면, 다음 날 아침이었다.

나 자신이 한심하게 느껴졌다. 좋아하는 것을 업으로 삼아 열심히 앞으로 나아가기도 바쁜데 이렇게 집중을 못해서야 될까 싶었다. 다신 그러지 않겠다며 아무리 다짐을 해도 얼마 안 가 또 다시 침대에 누워 있을 것을 너무나도 잘 알고 있었다. 이미 굳어져버린 습관을 하루아침에 뜯어고치는 것은 쉽지 않았다. 그래서 나는 환경을 바꿔버리기로 했다. 정확히는 세 가지 환경을 바꿨다.

1. 집에서 나가기

나는 집중력이 좋은 편이 아니다. 이거 했다가 저거 했다가 뭐 하나를 끈덕지게 하는 법이 없다. 심지어 집에 있으면 더 난리가 난다. 24시간 재밌는 것으로 가득찬 TV, 하루에 세 번 정도는 열어봐야 하는 냉장고, 자꾸 나를 유혹하는 침대 등등. 집에서 무언가를 하려고 하니 나를 유혹하는 것들이 너무나 많았다.

퇴사를 하고 나니 일에 집중할 수 있는 사무실도 없었다. 카페를 가자니 사람이 너무 많고 소란스러워서 그렇게 효과가 좋진 않았다. 처음엔 공유 오피스를 알아보았다. 보증금 없이 월세처럼 다달이 결제만 하면 나만의 공간을 가질 수도 있고 입주해 있는 다른 회사들과 네트워킹까지 할 수 있다고 한다. 하지만 포기할 수밖에 없었다. 직접 발품 팔아 사무실을 구하는 것보단 경제적이긴 하지만 이 역시 부담스러운 금액이었다.

그러다 한 달에 10만 원대, 조용하고, 24시간 운영하는, 나만의 자리에서 일할 수 있는 곳을 찾았다. 보증금도 필요 없었다. 바로 '스터디 카페'였다. 온전히 일에만 집중할 수 있는 공간을 찾던 내게 최적의 장소였다. 집중을 방해하는 것들이 지천에 널려 있는 집과 달리 스터디 카페는 일에 집중하기 좋은 조명, 잔잔히 흘러나

오는 음악, 시끄럽게 떠들 수 없는 환경, 열정적인 분위기까지. 일하기에 완벽한 공간이었다. 그래서 난 집에서 뛰쳐나와 스터디 카페로 출퇴근했다. 이렇게 몰입하기 위해 '공간'을 바꾸는 건 큰 도움이 된다.

2. 무음의 세상 만들기

집에서 나옴으로써 일에 몰입할 수 있는 환경이 갖춰졌다. 이제 열심히 콘텐츠를 만들 수 있을 것만 같다. 일을 시작해볼까 하는 찰나에 핸드폰이 울린다. 메신저다. 대충 답장을 하고 나니 또 다시 알림이 울린다. 이번엔 광고다. 정확히 15분 간격으로 핸드폰이 계속 울렸다. 집중을 할 수가 없었다. 그래서 나는 극단의 방법을 선택했다. 핸드폰에 설치되어 있는 앱들 중에서 최근 일주일 동안 들어가지 않은 앱은 모조리 삭제해버렸다. 앱이 86개에서 10개로 줄었다. 그리고 나머지 앱들의 알림을 모두 꺼버렸다. 그중엔 SNS와 메신저도 포함되어 있었다.

SNS는 양날의 검이다. 잘 이용하면 득이지만 이용당하면 독이 된다. 아무런 목적 없이 SNS 세상을 떠돌며 시간을 쓴다면 독이다. 하지만 SNS를 통해서 가치를 창출해낸다면 득이 된다. 우린 콘텐츠를 만들어 인지도를 쌓기 위해 SNS를 이용할 뿐이다. 심지어 SNS 안엔 잘나가는 사람들이 너무나 많다. 그래서 지금의 나와 그들을 놓고 비교하게 된다. 그럴수록 나는 점점 작아졌다. 나는 콘텐츠를 만들어 올리고 그 반응이 어떤지 살펴보는 용도로만 SNS를 활용하기로 했다. 30분 동안 콘텐츠 반응을 확인한 후 SNS를 꺼버렸다.

다음은 메신저. 나는 메신저가 곧 인간관계라고 생각해 이를 무척 중요하게 여겼다. 그래서 메신저까지 알림을 끄면 중요한 소식을 전달받지 못하거나, 단체 대화방에서 소외당하는 것은 아닐까 두려웠다. 하지만 그런 일은 벌어지지 않았다. 내가 반드시 알아야 할 중요한 사항들은 보통 이메일이나 전화로 주고받았기 때문이다. 메신저에선 시시콜콜한 이야기가 주를 이뤘지 내 삶에 큰 영향을 미칠 정도로 중요한 이야기는 오고 가지 않았다.

지인들과 함께 있는 단체 대화방에는 '내가 지금 무슨 일을 하고 있으니 당분간은 답장이 느릴 수 있다'라는 식의 메시지를 보내 양해를 구하면 된다. 만약 이에 대해 누군가가 질타를 하거나, 뒤에서 당신을 험담한다면 '그 사람과의 관계는 여기까지구나.'라고 생각하면 된다. 진정으로 당신을 생각하는 사람들은 당신의 선택을 존중해주기 마련이다. 이렇게 인간관계도 깔끔하게 정리되는 효과까지 있다. 인간관계가 좁아지는 것이 아니라 오히려 깊어지고 단단해진다는 사실을 깨닫게 되었다.

이처럼 무음의 세상을 만들어버리면 우린 방해받지 않고 온전하게 집중할 수 있다. 다른 것에 신경 쓸 겨를이 없다. 인생에서 핸드폰을 완전히 없애라는 얘기가 아니다. 우리가 집중하고 몰입해야 할 시기엔 잠시 멀리할 필요가 있다는 것이다.

3. 새어 나가는 돈과 시간 관리하기

사람들은 보통 수중에 돈이 있으면 소비를 하려고 하는 경향이 있다. 물론 소비는 나쁜 것만은 아니다. 소비할 때 느낄 수 있는 쾌락 덕분에 쌓였던 스트레스를 풀 수도 있다. 무작정 소비를 통제하면 삶이 답답하고 무미건조하게 느껴질 수 있다. 하지만 무의식적으로 불필요한 과소비를 하는 것은 건강하지 못하다.

나는 수중에 돈이 많지 않았다. 퇴사를 하고도 갚아야 할 카드값이 있었고, 당장 들어오는 고정 수입은 없었기 때문에 숨만 쉬고 살아도 하루하루가 지출이었다. 그런 와중에도 좋아하는 것에 투자를 해야 했다. 그렇기 때문에 최대한 효율적으로 돈을 써야겠단 생각을 했다. 이 방법이 나에겐 최선의 선택이었다. 그토록 좋아하던 쇼핑과 술자리를 잠시 멀리했다.

소비가 문제가 되는 건 돈을 쓰기 위해서는 시간도 같이 써야 한다는 점 때문이다. 어디에 무엇을 소비할지 알아봐야 하기 때문이다. 옷을 사려면 우선 요즘 유행을 파악하고, 나에게는 어떤 스타일이 어울리는지, 사이즈와 가격은 어떤지 등 이것저것 알아봐야 하는 것처럼 말이다. 그래서 돈을 쓴다는 것은 곧 귀한 시간을 쓰는 것과 같다. 쇼핑이나 술자리는 나중에 얼마든지 할 수 있다. 하지만 좋아하는 것에 지금 투자하지 않으면 목표 또한 멀어진다고 생각했다. 그래서 불필요한 소비를 막았다. 지금은 당신이 좋아하는 것을 잘하는 것으로 만들기 위해 집중하고 몰입해야 하는 때다.

이렇게 집에서 뛰쳐나와 온전히 집중할 수 있는 환경을 찾고, 15분 단위로 나의 집중력을 흐트렸던 핸드폰을 잠시 멀리했다. 그리고 덕업일치를 위한 일에만 돈과 시간을 썼다.

<u>환경만 바꿔도 여러분의 삶은 180도 달라져 있을 것이다.</u> 남들은 몇 개월 걸릴 일을 몇 주 만에 끝내버릴 수도 있다. 출근과 동시에 퇴근을 소망했던 당신의 모습은 이제 찾아볼 수 없다. 하루하루 성장하는 자신을 체감하게 될 것이다. 좋아하는 일을 잘하게 되고, 그동안 경험할 수 없었던 수많은 기회들이 당신 주변에서 기다리고 있다. 그 기회들을 빠르게 잡기 위해선 반드시 집중하고 몰입해야 한다는 것을 잊지 말자. 의지박약의 아이콘인 나도 이 세 가지를 가장 중요시 여기며 지금까지도 실천 중이다. 앞으로도 변하지 않을 것이다.

결정적으로, 여기까지 함께 따라왔다면 당신의 의지는 이미 충분하다고 생각한다. 나 자신을 바꿀 수 없다면 환경을 바꾸자.

인생을 바꿀 '한 방'은 어떻게 만들까

　호텔을 세우겠다는 목표를 향해 달리고 있었다. 호텔에 가고, 글을 쓰고, 콘텐츠를 올리는 것의 반복이었다. 끝이 어딘지 모르는 길을 향해 묵묵히 가고 있었다. 그런 와중에 계획했던 프로젝트들이 실패로 돌아가고, 통장 잔고는 점점 바닥을 보이기 시작했다. 앞으로 내가 버틸 수 있는 기간은 딱 3개월. 여기서 포기할 수 없으니 조금만 더 버텨보자는 생각을 할 때였다.

　"제8회 브런치북 특별상 수상자로 선정되었습니다."
　"저희 반얀트리 호텔에 한번 초대하고 싶습니다."
　"체크인 님과 같이 콘텐츠를 만들고 싶습니다."

"저희 호텔과 프로모션 한번 만들어보시죠."

이 모든 게 한 달 사이에 벌어진 일이다. 좋아하는 걸 하며 살겠다고 선언한 첫날부터 지금까지의 모든 날들이 주마등처럼 스쳐 지나갔다. 가슴이 미어지는 순간이다. 더 확신하게 되었다. 한 분야만 지독하게 파면 결국 빛을 발하는 순간이 오는구나.

누군가 내게 "체크인 님께선 1년도 안 되어서 어떻게 이런 결과를 만들 수 있었나요?"라고 물었다. 그리고 난 이렇게 대답했다.

"운이 좋았습니다."

운. 운이라고 하면 당신은 어떤 생각이 먼저 떠오르는가? 감나무 밑에 누워 감이 내 입으로 알아서 쏙 들어온 것을 운이라고 생각하는가? 혹은 지나가다가 떨어진 5만 원짜리 지폐를 주운 걸 운이라고 생각하는가? 난 그렇게 생각하지 않는다. <u>아무 노력 없이 생기는 운은 있을 수 없다고 단언한다.</u> 적어도 감나무 밑에 누워 있어야 마침 감이 떨어졌을 때 내 입 안에 떨어질 수 있고, 밖으로 나가 길을 걸어야 땅에 떨어져 있는 5만 원짜리 지폐를 주울 수 있다. 많은 사람들은 '운'을 불로소득이라고 여긴다. 아쉽게도 '운'은 불로소득이라 볼 수 없다.

물론 살다 보면 '운'의 영향을 무시할 수는 없다. 뜻하지 않은 곳에서 좋은 기회를 얻을 수 있고, 예상치 못하게 큰돈을 벌 수 있는 상황이 생기기도 한다.

1년 전, 나는 항상 "난 운이 없어."라는 말을 달고 살았다. 하는 일마다 예기치 못한 변수들 때문에 수개월간 준비했던 프로젝트가 엎어졌다. 한 번이면 그러려니 할 텐데 하는 것마다 그랬다. 여행을 가면 항상 비가 왔고, 힘들게 찾아간 맛집은 그날따라 사장님 개인 사정으로 문을 닫았다. 하늘을 보며 "대체 나한테 왜 그래!"라고 소리치고 싶을 정도였다.

반면에 뭘 해도 되는 사람들도 있었다. 될 놈은 된다는 말을 이럴 때 쓰는 걸까? 절대 불가능해 보이는 일도 성사시키고, 일기예보에서 비가 온다고 해도 여행지에만 가면 날이 개는 사람들을 보며 태어날 때 타고난 운이 중요하다 믿었다. 하지만 돌이켜보니 그렇지 않았다. 운은 내가 만들 수 있었다. 그리고 그 운이 우리의 인생을 바꿀 '한 방'이 되기도 한다.

그렇다면 운은 어떻게 만들 수 있는 걸까? 어렸을 때 가지고 놀았던 도미노 안에 그 답이 있다. 손톱만한 도미노가 그보다 좀 더 큰 도미노를 넘어트리고 그보다 조금 더 큰 도미노를 쓰러트린다. 그렇게 맨 뒤에 있는 벽돌 같은 도미노가 넘어간다. 우린 손톱만한 도미노가 벽돌만한 도미노를 넘어트렸다고 생각하고 그것을 운이라고 여긴다. 그러나 운은 손톱만한 도미노와 벽돌만한 도미노 사이에 있는 수많은 도미노들이다.

만약 내가 호텔을 열심히만 다니고 콘텐츠를 만들어 올리지 않았다면 어땠을까? 만약 내가 글을 쓰기는 했지만 자주 올리지 않았다면 어땠을까? 만약 내가 평소에 독서를 소홀히 하고 실력 쌓는 것을 게을리했다면 어땠을까? 분명 지금의 나는 없었을 것이다. 내가 한 것은 고작 호텔을 계속해서 다니고, 글을 써서 올렸을 뿐이다. 그랬더니 사람이 모이고, 기회가 따라왔으며, 기회는 결국 돈으로 바뀌었다.

<u>운은 나의 작은 행동에서 탄생한다.</u> 이 작은 행동은 처음에는 인지하기 어렵다. 이 행동들은 내 삶을 바꿀 수 있을까 싶을 정도로 미미한 일들이기 때문이다. 하지만 그 작은 행동들이 작은 기회를 만들어낸다. 더 놀라운 것은 작은 기회는 또 다른 기회를 불러온다. 그리고 결국 큰 기회까지 불러온다.

이 이야기를 듣고서도 '당연한 이야기만 하네.'라고 생각하고 행동하지 않는다면, 당신은 앞으로도 이 기회를 맛볼 수 없을 것이다. 운을 만들지 말지는 당신이 선택하는 것이다.

여기에 한 가지 더 바뀐 것이 있다.

바로 관점. 관점은 어떤 사물이나 현상을 보고, 그 사람이 생각하는 태도를 의미한다. 관점이 달라진다는 말은 곧 같은 상황을 마주하더라도 해석하는 방향이 달라진다는 뜻이다. 이를테면 콘텐츠를 만들러 호텔에 방문했는데 갑자기 비가 쏟아진다면 누군가는 '에이, 비도 오고 오늘은 망했네.'라고 생각할 수 있다. 하지만 나는 '오늘은 비가 오는 날의 호텔 분위기를 한번 담아봐야겠다.'라는 생각이 먼저 든다. 수개월간 진행하던 프로젝트가 실패로 돌아가도 '이번엔 이렇게 했으니 실패했구나. 다음엔 이렇게 하지 말아야겠다.'라는 생각이 먼저 든다. 과거의 나는 '역시 내가 그렇지 뭐.'라고 생각하며 한탄하기 바빴다. 한탄만 하는 것은 제자리뛰기일 뿐이다. 그 누구도 한탄 속에 빠진 나를 꺼내주지 않는다. 스스로 나와야 한다.

이젠 상황이 좋지 않으면 그 안에서 어떻게 상황을 호전시킬 수 있을지가 먼저 떠오른다. 그리고 그럴 때 실력이 늘고 운이 따랐다. 관점에 따라 이걸 운으로 받아들일지, 불운으로 받아들일지 정해진다. 당신은 지금 어떤 눈을 가지고 있는지 돌아보자.

거듭 강조하지만 인생을 바꿀 '한 방'은 당신의 작은 행동과 관점의 변화에서 온다. 그러니 좋아하는 걸 꾸준히 밀고 나가보자. 당신에게도 그 기회는 반드시 온다. 선택은 당신의 몫이다.

호텔 덕후의 덕질 이야기

호텔이
지겨워졌다

    호텔만 고집하며 전투적으로 돌아다니다 보니 슬슬 질리기 시작했다. 드디어 때가 왔구나 싶었다. 내게도 좋아하는 게 질리는 순간이 오다니…. 빨리 극복하고 싶었다. 환경을 바꾸면 도움이 될까 싶어 잠시 호텔 대신 '스테이'를 다녀보기로 했다.
    스테이는 개인이 운영하는 경우가 많다. 자신의 집을 리모델링해 운영하는 경우도 있고, 자신만의 스토리를 공간 안에 녹여냄으로써 정형화된 호텔과는 사뭇 다른 분위기를 자아낸다. 주인의 성향에 따라 공간의 섬세함이 달라지는 느낌이다. '예쁜 가구'를 좋아하는 주인이면 그 공간은 가구를 구경하는 재미가 쏠쏠하다. 주인의 취미가 '음악 듣기'라면 스테이에 방문했을 때 음악 감상회를 해도 될 정도로 훌륭한 사운드를 경험할 수 있다. 즉, 주인의 취향이 녹아 있는 공간이다. 결정적으로 그 스테이가 위치한 지역의 '로컬 감수성'을 제대로 느껴볼 수 있다. 마치 내가 그 지역의 주민이 된 듯한 기분, 이게 스테이가 가진 매력이다. 그래서 호텔에선 경험할 수 없는 것들을 간혹 스테이에선 경험할 수 있다.

가끔 새로운 스테이를 찾아 방문하면, 호텔이란 공간을 바라보는 나의 관점이 더욱 다채로워질 것이라 생각했다. 그래서 그날은 호텔 대신 강원도 양양에 위치한 스테이로 발걸음을 옮겼다.

이 스테이는 객실이 5개밖에 되지 않아 예약하기가 상당히 힘들었다. 평소였다면 '이렇게 가기 힘든 곳을 예약했다니! 사람들이 줄 서는 덴 분명 어떤 이유가 있겠지!'라며 들뜬 마음으로 향했을 것이다. 그러나 그날은 그리 유쾌하지 않았다. 호텔에서 스테이로 잠시 환경을 바꾸면 권태기가 조금 풀릴 거라 생각했는데 이상하게도 별 감흥이 없었다. 이런 내가 낯설다는 생각을 하며 원인이 무엇인지 모른 채 열심히 강원도로 운전을 하고 있었다.

그날따라 차는 또 왜 이리 막히는지, 도착하니 이미 해는 떨어진 후였다. 가장 큰 문제가 있었다. 스테이는 주변에 그 흔한 편의점 하나 없는 시골 동네에 위치했다. 그리고 상당히 어두웠기 때문에 카메라를 꺼내서 촬영을 할 수가 없었다. 두 달 전에 예약해서 열심히 달려왔는데, 콘텐츠를 제대로 만들 수 없게 되었다는 현실이 허무했다. '내일 아침에 일어나서 하면 되지 않을까?'라는 생각도 잠시 했으나, 처음 객실에 들어왔을 때 투숙객의 손길이 닿지 않은 쾌적한 상태를 담고 싶었다. 침대 위 침구류가 가지런히 정돈되어 있는 그 모습을 담고 싶었다. 그러나 내일 아침이면 이미 어지럽혀져 있는 상태일 것이 분명했다.

'그래, 이렇게 된 거 일단 저녁이나 먹자.'

문제는 또 있었다. 스테이가 외진 곳에 있었기에 음식을 시킬 수 있는 곳이 딱 두 군데 외엔 없었다. 엎친 데 덮친 격으로 그날따라 가게 문들은 왜 이리 빨리 닫는지, 9시가 채 되지 않았는데 마지막 주문이 다 마무리된 상태였다. 일진이 사나웠다. 머리가 아팠다. 그리고 눈을 뜨니 다음 날 아침이었다. 나도 모르는 사이에 잠이 들었던 것이다.

그렇게 많은 호텔과 스테이를 다녔지만 이런 경험은 처음이었다. 허무했다. '내가 지금 뭐 하고 있는 거지?'라는 생각이 머릿속을 지배했다. 급격하게 의욕이 떨어졌다. 내가 해왔던 모든 행동들이 의심되기 시작했다. '이렇게 한다고 뭐가 달라질까?'라는 생각이 '호텔을 과연 세울 수 있긴 할까?'라는 걱정으로 변했다. 불안하고 걱정되기 시작했다. 위험하다. 적색 경보가 울리기 시작한다.

체크아웃을 하기 전, 창밖으로 바람에 흔들리는 대나무 숲을 멍하니 바라보고 있었다. 고요한 객실, 선선한 바람. 생각을 비우니 걱정도 잊었다. 불확실한 미래는 잠시 내려놓고 지금 이 순간을 최대한 느껴보기로 했다. 이 공간을 만든 의도 자체가 '온전한 쉼'

인데, 당장 나부터 그걸 제대로 느끼지 못한다면 과연 사람들에게 이 공간을 올바르게 소개할 수 있을까? 내가 이 공간을 제대로 경험했다고 할 수 있을까? 하는 생각이 들었다. 들고 있던 카메라를 가방에 넣어버렸다.

    그리고 이 1시간 반은 내게 최고의 '쉼'이었다. 다른 어떤 곳에서도 느낄 수 없었던 휴식이었다. 이걸 왜 이제서야 알았을까. 빠르게 성장해야 한다는 생각, 빠르게 목표를 달성해야 한다는 강박 때문에 호텔 안에서도 쉬지 않고 자꾸 무언가를 하려고 했던 나의 지난 날들이 스쳐 지나갔다.

    더 빨리 인지도를 쌓아야 한다는 압박, 멈추지 않고 계속 앞으로 달려나가야 한다는 생각에서 오는 피로. 이 둘이 합쳐지니 그렇게 좋아하던 호텔마저 재미없고 지겨워졌다. 그리고 미래에 대한 부정적인 생각까지 스멀스멀 올라오기 시작했었다.

    겨우 1시간 반, 이곳에서의 모든 활동을 '일시정지' 했을 때 비로소 깨달았다. '지금 나의 신호등에 적색 불이 들어왔구나. 이게 바로 말로만 듣던 권태기구나.' 지금은 잠시 멈춰야 할 때였다. 권태기를 극복하는 가장 확실한 방법은 빠져나오려고 하지 않고, 가만히 두는 것이었다. 대신 꼭 돌아오겠다는 전제하에.

    호텔과 거리를 둔 지 3주 정도 되었을 때, 드디어 다시 호텔에 가고 싶어졌다. 길을 지나가다 호텔을 보면 가슴이 설레고 두근거리기 시작했다. 처음 덕업일치의 삶을 다짐했을 때, 좋아하는 호텔을 돌아다니며 살겠다고 다짐했을 때 느꼈던 그 감정을 몇 달 만에 다시 느낄 수 있었다.

그렇게 난 다시 체크인을 했다.

글을 쓴다는 것은
어떤 사건이나 사물에 대해 사유하는 것과 같다.
글만 썼을 뿐인데 사고력과 통찰력이 생길 것이다.
남들이 쉽게 갖지 못하는
무기 하나를 손에 쥐는 것과 같다.

아무 노력 없이 생기는 운은 있을 수 없다고 단언한다.
적어도 감나무 밑에 누워 있어야
마침 감이 떨어졌을 때 내 입 안에 떨어질 수 있고,
밖으로 나가 길을 걸어야
땅에 떨어져 있는 5만 원짜리 지폐를 주울 수 있다.

CHAPTER _ 4

좋아하는 걸로 성공하려면 어떻게 해야 할까?

부대시설

부대시설은 호텔의 꽃이다. 부대시설은 수영장, 식음업장, 피트니스 센터, 사우나, 도서관 등을 의미한다. 모든 호텔이 부대시설을 전부 다 갖추고 있는 건 아니다. 호텔의 성향과 성격 그리고 상황이 모두 다르기 때문이다. 예술을 중요시 여기는 호텔에는 갤러리가 있을 수 있는 것처럼 말이다.

호텔이 갖춰놓은 부대시설에 따라 투숙객들의 하루도 달라진다. 객실 안에서 온전히 쉬는 것도 좋지만, 밖으로 나와 여러 부대시설을 즐기며 쉼의 경험을 증폭시킬 수 있다. 그래서 부대시설이 호텔의 꽃이라 생각한다.

우리는 지금까지 좋아하는 것을 찾고, 업으로 바꾸고, 위기를 겪는 순간까지 모두 지나왔다. 이제 남은 것은 덕업일치의 삶을 '성공적'으로 만드는 것이다. 우리 또한 갖출 수 있는 것들을 모두 끌어모아 앞으로 치고 나갈 것이다. 우리의 덕업일치 라이프에 꽃을 피워보자.

시장조사는 과연 필요할까

"그래도 콘텐츠를 만들려면 다른 사람들이 만들어놓은 것도 볼 필요가 있지 않을까요?"

때는 프로 직장인 시절. 정말 뜬금없이 손목시계를 만들 기회가 생겼다. 문제는 내가 평소에 손목시계를 차고 다니지 않았기 때문에 손목시계에 대한 이해가 전혀 없었다는 것이다. 그래서 우선 손목시계 시장을 조사해보기로 했다. 이왕 하는 거 뻔하고 재미없는 것보단 기존에 볼 수 없었던 색다른 손목시계를 만들고 싶었다. 그래서 캐주얼하게 차고 다닐 수 있는 10만 원대 손목시계들은 어떤 것들이 있나 살펴본 후 빈틈을 치고 들어가려고 했다. 몇 달에 걸쳐 시장조사를 하면서 시계 제조 공장을 왔다 갔다 했다. 제작 과정에서 갑자기 문제가 생기면 공장에 뛰어가기도 하고, 어느 것 하나 놓치지 않으려 부지런히 만들었다. 디자인 샘플 테스트까지 모두 끝났다. 이건 무조건 대박이라는 예감이 들었다. 그리고 프로젝트는 실패로 돌아갔다. 대체 무슨 일이 있었던 걸까?

내 손목엔 색다른 것 하나 없이 평범하고 재미없는 시계가 채워져 있었다. 아마 내 기획력과 디자인 능력이 부족한 것도 한몫했다고 생각한다. 그보다 더욱 본질적인 문제는 따로 있었다. 너무 많은 정보를 봐버렸다는 것이다.

뭔가 새로운 것을 시작하기 앞서 내가 하고자 하는 분야 혹은 몸담고 있는 분야에서 가장 잘나가고 있는 것을 살펴보곤 한다. 모든 분야엔 항상 고수들이 있었고 그들과 정면 승부를 해서는 안 될 것 같단 생각이 들었다. 고수들이 아직 개척하지 못한 '빈틈'을 찾기 위해 시장조사를 했다. 하지만 고수들이 이미 만들어놓은 걸 계속해서 살펴본 탓일까? 잘되는 것엔 그만한 이유가 있다며 스스로를 합리화하면서 나도 모르게 그들이 하는 방식을 좇고 있었다. 물들어버린 것이다. 사고의 확장은 거기서 멈춰버렸다. 그렇다면 시장조사는 아예 하면 안 되는 것일까?

아무래도 사람들을 모으려다 보면 SNS를 떼려야 뗄 수 없다. SNS 안에서 자연스럽게 나와 비슷한 분야나 같은 분야에서 몇 걸음 더 앞서 나간 사람들을 발견하게 된다. 뛰는 놈 위에 나는 놈 있고, 나는 놈 위에 미친 놈이 있다. 나보다 팔로워가 훨씬 많은 사람도 있고, 그 분야에서 이미 유명한 사람도 있다. 그래서 나도 그들을 참고하면 도움이 될 것 같단 생각에 팔로우를 해둔다. 예상대로 좋은 영향과 새로운 자극을 받기도 했다. 하지만 전혀 예상치 못한 악영향도 있었다.

 그것은 바로 자꾸 그들과 나를 동일 선상에 놓고 비교하기 시작했다는 것이다. 이 사실을 깨닫고도 무의식적으로 자꾸 그들과 비교하게 되었다. 저 사람들은 성장하는 속도가 점점 빨라지는 것 같은데 왜 나는 제자리걸음일까? 인지도가 어느 정도 쌓이면 비슷한 작업을 하는 사람들끼리 교류하며 입지를 더 굳건하게 다져나가는데, 나는 왜 그대로일까? 나는 왜 저들 사이에 끼지 못하는 걸까?

 이들을 분석하면 어떤 답이 나오지 않을까 하는 생각이 들었다. 하루는 카페에 앉아 손목시계를 만들었을 때처럼 시장조사를 하기 시작했다. 호텔 분야, 여행 분야, 덕업일치 분야 이렇게 나눴다. 그리고 각 분야에서 나보다 훨씬 앞서고 있는 사람들의 SNS 계정에 들어갔다. 그들이 어떤 식으로 글을 쓰는지, 어떻게 사진을 찍는지, 그들이 모아온 팬들은 주로 어떤 것을 좋아하는지, 게시물엔 어떤 댓글들이 달려 있는지 모두 확인했다. 그중 가장 반응이 좋았던 게시물 10개를 추렸다. 그리고 또 다른 계정으로 넘어가 같은 방식으로 게시물을 10개 추렸다. 그렇게 계속 자료들을 모으다가 시장조사를 멈췄다. 한 가지 사실을 깨달았다.

 '같은 분야라도 각자 색이 다르구나.'

그들은 같은 분야라도 서로 더 잘나가기 위해 경쟁하고 있지 않았다. 자신만의 색을 고수하고 있었고, 계속해서 한 방향만 고집하고 있었다. 어떤 사람은 순수하게 여행이 너무 좋아서 전국 방방곡곡을 돌아다니며 숨겨진 공간을 알리는 것에만 집중했다. 또 다른 사람은 호텔을 어렵게 느끼는 사람들을 위해 호텔을 쉽게 설명해주는 것에만 집중했다. 또 다른 누군가는 좋아하는 걸 하며 살 수 있게 만들어준 공부법에만 집중했다. 그리고 처음부터 끝까지 방향이 흔들리지 않았다. 일관되게 꾸준히 앞으로 나아가고 있었다. 그렇게 그들은 '독보적인 존재'가 되었고 누구와도 경쟁하지 않았다. 시장조사를 할 필요가 없었다. 나 자체가 독보적인 존재가 되어버리면 되는 것이었다.

하지만 '내가 열심히 콘텐츠를 만들어 올렸는데 다른 사람과 콘셉트가 겹치면 어떡하지?'라는 걱정을 떨칠 수가 없었다. 잠시 멍 때리며 아이스 아메리카노를 한 모금 마신다. 역시 블루보틀 커피는 언제 마셔도 맛있다. 그런데 잠깐, 생각해보니 그렇다. 다른 누군가와 콘셉트가 겹칠까 봐 혹은 다른 사람과 차별화되고 싶어서 시장조사를 한다면, 그건 이미 늦은 게 아닐까? 시장조사가 과연 의미가 있을까? 생각해보니 방금 내가 마신 블루보틀도 그 흔하디흔한 커피 시장에 뒤늦게 뛰어든 후발 주자인데, 지금 블루보틀은 독보적이지 않던가.

스타벅스를 대적하는 유일한 글로벌 커피 브랜드 블루보틀. 그리고 블루보틀을 만든 제임스 프리먼. 평범한 클라리넷 연주자

였던 그는 지독한 커피 덕후로 알려져 있다. 비행기 안에서도 드립 커피를 만들어 마실 정도였다고 하니 어느 정도인지 감이 잡힌다. 블루보틀은 '최고의 맛'을 내기 위해 로스팅한 지 48시간이 지난 원두는 절대 사용하지 않는다. 그리고 맛을 위해 다소 느릴지라도 핸드드립 방식을 택했다. 매장 인테리어에서도 그의 고집을 확인할 수 있다. 커피 맛에만 온전히 집중할 수 있도록 심플한 인테리어와 'No WiFi, No PC' 정책을 고수한다.

그의 유별난 고집과 최고의 맛을 내겠다는 일관된 목표가 합쳐져 블루보틀은 독보적인 위치에 오를 수 있었다. 각자만의 색을 진하게 가지고 있는 인플루언서들과 제임스 프리먼의 사례에서 힌트를 찾았다. 유일한 존재가 되는 방법은 바로 '일관되게' 자신의 목표를 향해 끝까지 걸어가는 것. 이들에게 경쟁은 필요 없었고 시장조사는 더욱 의미가 없었다. 가야 하는 길이 뚜렷했고 그 길을 걸었을 뿐이다. 그래서 시장조사를 할 것이 아니라 나의 목표를 한 번 더 점검하는 것이 선행되어야 했다.

나에겐 '호텔을 세우겠다'는 목표가 있다. 콘텐츠를 만드는 목적은 목표를 이루기 위해서다. 호텔을 세우기 위해 호텔을 돌아다닌다는 생각 하나만 가지고 있었다. 그러다 보니 콘텐츠도 자연스럽게 내가 호텔을 세울 때 도움이 될 만한 것들을 정리하는 형태가 되었다. 이를테면 A호텔은 어떤 점이 좋았고 어떤 점이 아쉬웠는지, B호텔은 어떤 콘셉트의 호텔이고 왜 그렇게 설계를 했는지, 호텔이 유독 아늑하게 느껴지는 이유는 뭔지, 호텔마다 일회용 샤워

용품은 얼마나 다른지 등을 집요하게 파기 시작했다.

　이런 아이템이 하나둘씩 쌓일수록 콘텐츠엔 깊이가 생겼고 사람들이 모여들었다. 미술 작품도 알고 보면 몇 배는 재미있듯, 호텔 또한 브랜드를 이해하고 가면 더 많은 것들이 보일 것이다. 사람들이 내 콘텐츠를 보고 호텔에 갔을 때 '아! 이건 이래서 그렇구나!'라고 반응하면 좋겠다는 생각을 했다. 그럼 호텔을 낯설고 고급스럽기만 한 곳이 아닌 재미있는 곳으로 기억할 테니 말이다.

　나는 콘텐츠를 만들 때 회사에서 프로젝트를 기획하듯 '다른 사람과 차별화된 특별한 콘셉트를 잡아야겠다.'라고 생각하지 않았다. 기획과 계획이란 틀에 스스로를 가두려고 하지 않았다. 대신 이 세 가지만큼은 꼭 지키기로 약속했다.

> 1. 고집　목표(호텔)에서 벗어나는 콘텐츠는 다루지 않을 것
> 2. 미션　사람들에게 도움이 될 것
> 3. 집념　꾸준히 갈 것

사람들은 나에게 이런 말을 한다.

"체크인 님 콘텐츠는 믿고 봅니다."
"체크인 님 덕분에 바로 호텔 예약 잡았어요!"

"어디서도 볼 수 없는 콘텐츠네요! 다음 콘텐츠가 벌써 기대돼요!"

호텔 콘텐츠를 다루는 수많은 사람들이 있지만, 나도 모르는 사이에 내 콘텐츠 색은 점점 진해지고 있었다. 내가 부러워했던 인플루언서들 그리고 블루보틀의 제임스 프리먼처럼 한 방향으로만 멈추지 않고 전진했을 뿐이다. 목표를 이루기 위해 만드는 콘텐츠일수록 독특하고 새로운 것이 나올 수 있었다. 더 이상 남들이 만들어놓은 결과물들을 참고할 필요가 없었다. 시장조사는 의미 없는 일이었다.

그보다 더 중요한 것은 따로 있었다. 좋아하는 걸 하며 살겠다고 다짐했을 때 내가 왜 이 삶을 선택했는지, 그리고 어떤 목표를 이루고자 했는지부터 다시 돌아보는 것이다. 어쩌면 남의 것을 참고하기보단 자기 자신을 들여다보는 조사가 필요하지 않을까.

내 삶은 왜
계속 그대로일까

"성공하는 단 하나의 비결은 책에 있었다."

다들 하나같이 책을 읽으라고 한다. 성공한 사람들은 죄다 독서광이었고, 덕업일치에 성공한 사람들도 입을 모아 책을 읽으라고 이야기한다. 자기계발을 하려고 해도 책을 읽으라 하고, 어떤 분야에서 전문가가 되고 싶어도 책을 읽으라고 한다. 기승전'책'이었다. 책이 중요하다는 이야기는 귀에 못이 박힐 정도로 많이 들었다. 하지만 내게 있어서 책은 잠이 오지 않을 때 펼치는 훌륭한 수면제일 뿐이었다. 그런데 좋아하는 걸로 돈을 벌고 싶으면 책부터 읽으라고 하다니. 가혹했다. 책 한 권을 하루아침에 다 읽을 수 있는 것도 아니고, 중간에 읽다가 끊고 다시 읽으면 앞부분 내용이 뭐였는지 기억도 잘 안 나는데…. 책을 읽는다고 나의 삶이 달라지긴 할까? 아무리 생각해도 별 의미가 없어 보였다.

"내가 더 멀리 보았다면 그건 내가 거인들의 어깨 위에 올라서 있었기 때문이다."

이 희대의 명언은 중력의 법칙을 발견한 아이작 뉴턴이 한 말로 알려져 있다. 하지만 실제론 뉴턴이 처음 쓴 표현이 아니고 1651년 조지 허버트가 쓴 문장 "거인 위에 올라선 난쟁이는 거인보다 더 멀리 본다."에서 빌려왔다고 전해진다. 물론 그 또한 다른 문장을 빌려왔다고 하지만 여기서 중요한 것은 '거인 위에 올라선다'는 말이다.

나도 사실 하루에 2~3권씩 해치우는 다독가가 아니라서 책을 논할 만한 수준은 아니다. 하지만 1년에 겨우 1~2권의 책을 읽었던 내가 지금은 한 달에 5권에서 많게는 8권까지 읽으니 나름대로 소소한 발전이라고 생각한다. 물론 책을 10권, 20권 읽는다고 해서 하루아침에 삶이 180도 달라지는 것도 아니며, 엄청난 지식이 축적되는 것도 아니다. 그럼에도 불구하고 책을 왜 읽어야 하는지 조금은 이해가 된다.

책이 중요한 이유는 책을 통해 저자의 생각을 들여다볼 수 있기 때문이다. 저자가 수년에 걸쳐 연구하고 고민해 발견한 통찰을 우리는 단돈 15,000원이면 볼 수 있다. 주식 투자의 거장 워런 버핏과 식사자리를 한 번 갖고 그의 인사이트를 얻기 위해선 수년 전부터 예약을 해야 한다. 많게는 수십억 원까지 내가며 그를 만나려고 줄을 선다. 하지만 책 속에서는 그의 통찰도 15,000원에 만나볼 수 있다. 이게 진짜 '가성비' 아닐까?

이렇게 책을 통해 저자의 경험을 간접적으로 빠른 시간 안에 얻을 수 있고, 저자의 관점까지 습득할 수 있게 된다. 그 고민의 시간을 대폭 줄여서 앞으로 쭉쭉 성장해나갈 수 있다. 그래서 독서는 지금 나보다 훨씬 앞서 나가는 사람, 즉 거인의 어깨 위로 올라갈 수 있는 지름길이다.

하지만 책을 '보는 것'과 '읽는 것'은 차이가 있다. 베스트셀러 코너에 가서 꽂힌 책을 아무거나 구매한다든가, 남들이 본다고 하니 무슨 책인지도 모르고 따라 구매하는 것은 책과 어색해지는 지름길이다. 책을 아무리 많이 읽어도 내 삶이 드라마틱하게 바뀌지 않은 이유는 내가 책을 읽은 게 아닌 '본 것'이기 때문이다. 독서를 통해 삶을 바꾸고 싶으면 저자의 생각과 관점을 이해하고 내 삶에 적용하고 체득할 수 있어야 한다. 그게 바로 책을 '읽는 것'이다.

하지만 아직 책과 사이가 좋지 않다면, 책과 친해지는 가장 효과적인 방법은 '쉬운 책'부터 공략하는 것이다. 그러기 위해선 지금 당신에게 필요한 책이 무엇인지 파악해야 한다. 1년에 1~2권 겨우 읽던 시절, 책을 어떻게 읽어야 할지 내가 지금 무슨 책이 필요한지 아무것도 아는 게 없었다. 그래서 일단 종이를 꺼내 지금 당장 나에게 필요한 책은 무엇인지 생각도 정리할 겸 쭉 써 내려갔다.

<목표 : 호텔을 세운다>

나에게 필요한 책 카테고리	
건축/공간	어쨌든 호텔을 세워야 하니까 공간에 대한 이해와 건축 상식도 있으면 좋지 않을까?
부동산	생각해보니 그 전에 부동산에 대한 지식도 필요하겠다.
마케팅	사람들에게 무언가를 알리고 판매하기 위해선 마케팅에 대한 이해도 있어야겠지.
심리	잠깐만, 그럼 사람들이 왜 구매를 하는지 이유를 알아야 할 텐데 심리 쪽도 알면 좋겠군.
글쓰기	콘텐츠를 계속해서 만드니까 글쓰기 실력도 높여야겠다.
호텔 전문 서적	호텔 경영과 관련해서도 공부해둬야겠다.

　이렇게 써놓고 보니 나에게 필요한 책들의 영역이 꽤나 넓다는 사실을 알게 되었다. 그럼 이제 저 분야의 책들을 하나씩 사서 읽으면 된다. 나에게 당장 도움이 되는 것들이니 더욱 흥미가 붙을 수밖에 없다. 그리고 그 분야에서 '가장 쉬운' 책부터 샀다. 이를테면 책 제목 중에 '청소년을 위한'이라는 말이 붙어 있는 책들은 이해하기도 쉽고 술술 읽힌다. 서점에서 다른 사람의 시선이 신경 쓰인다면 '이건 조카 선물용 책'이라는 눈빛을 날려주면 된다. 그렇게 쉬운 책부터 읽고 난 다음엔 한 단계씩 난이도가 높은 책을 읽어나갔다.

　하지만 아직 책과 사이가 좋지 않았을 땐 한 페이지 읽는 것조차 너무 힘들고 지루했다. 책을 펴자마자 넷플릭스가 떠올랐다. 이해가 안 되는 문장이 있으면 다음 줄로 내려가질 못했다. 그래서 일단 책을 처음 읽을 땐 이 책과 나 사이의 거리를 좁힌다고 생각하고 이해가 되든 안 되든 끝까지 쭉 읽었다. 그런 와중에도 중간중간에 도움이 될 만한 이야기, 써먹고 싶은 인사이트 등이 생긴다. 그럼 그 부분에 밑줄을 그어놓고 책 모퉁이를 접어둔다.

한 번 다 읽었다고 '책 읽기 끝!'이라 생각하면 안 된다. 아직은 책을 '본' 것이다. 우리는 책을 한 번 더 읽을 것이다. 이제 겨우 한 권 읽었는데 또 다시 읽어야 된다고 생각하니 머리가 지끈하다. 하지만 괜찮다. 이번엔 모퉁이를 접어놓은 페이지 위주로 볼 것이기 때문이다. 그럼 두 번째로 읽을 땐 훨씬 빠른 속도로 읽게 된다. 그때부터 책 내용을 진하게 소화하게 된다. 이 방법은 상당히 효과가 좋다. 기억이 나지 않는 것들도 다시 생생하게 기억나며, 놓치고 지나간 저자의 메시지를 그제서야 이해하기도 한다. 이런 식으로 체득해나가는 것이다. 그리고 세 번째로 읽을 때는 컴퓨터에 메모장을 하나 열어둔다. 그리고 거기에 인상 깊게 봤던 문장이나 내용만 추려서 정리해두는 것이다.

이렇게 책과 조금씩 친해져가는 과정에서도 아직 한 가지 고치지 못한 습관이 하나 있었다. 나는 책을 사면 반드시 처음부터 끝까지 완독해야만 온전한 독서라고 생각했다. 하지만 아무리 훌륭한 책이라도 지금 나에게 와닿지 않는 내용들은 책 속 곳곳에 있기 마련이다. 물론 그걸 참고 꿋꿋하게 읽는 것도 좋지만, 나는 전략을 조금 바꿔보기로 했다. 목차를 펼쳐 굳이 순서대로 읽을 필요가 없는 책이다 싶으면, 가장 흥미가 가는 부분부터 들여다봤다. 그렇게 읽으니 독서에 조금씩 재미를 붙일 수 있었고 책과 친해지는 데 많은 도움이 되었다. 그래서 이 책을 쓸 때도 독자들이 필요한 내용만 먼저 접할 수 있도록 목차를 구성해놓았다.

우리는 책 한 권으로 저자가 수년에 걸쳐 얻은 통찰을 습득할 수 있다. 하지만 온전한 습득을 위해선 책을 보는 것이 아니라 읽어야 한다. 그리고 그것을 내 삶에 적용했을 때 조금씩 변화가 시작되는 것이다. 우리가 좋아하는 일을 더 빠르게 잘하기 위해선, 지금 나에게 어떤 책이 필요한지 파악하고 우리가 몸담고자 하는 분야에 있는 거인의 어깨 위에 올라타야 한다. 이 방법만이 우리의 삶을 내일이 기다려지는 삶으로 바꿔줄 유일한 열쇠다. 좋아하는 일로 먹고살고 싶다면, 꼭 책과 친해지길 바란다.

내가 믿을 수 있는
단 한 사람은 누구일까

"이 길을 걸으면서 '다른 것 다 필요 없고 이게 가장 중요하다!' 싶은 게 있을까요?"

하루는 인터뷰를 하다 이런 질문을 받았다. 질문을 듣고 단 1초의 망설임 없이 답이 튀어나왔다.

"무엇보다 중요한 것은…"

나는 개인적으로 좋아하는 걸 하며 사는 삶이 가장 자연스럽고 정상적인 삶의 형태라 생각한다. 하지만 아쉽게도 사회에서 바라보는 시선은 그리 곱지만은 않다. 오히려 '내가 하고 싶은 거 하면서 살겠다'고 말하면 주변에선 "아직 철이 덜 들었네.", "정신 차려라.", "세상은 그렇게 호락호락하지 않다."라는 말을 더하며 사회 시스템 안에 끌어 맞추려고 한다. 그게 먹고사는 데 가장 안전한 방법이라고 배워왔기 때문이다. 어쩌면 기초 교육과정을 거치며 어릴 적부터 학교나 주변 어른들로부터 세뇌당한 것에 가깝다.

그 때문일까. 눈에 튀는 행동을 하면 좋지 않은 시선을 받는다. 그러다 보면 남의 눈치도 많이 보게 된다. 내 목소리를 내 뜻대로 낼 수도 없고, 내 생각을 사람들에게 온전히 피력할 수도 없다. 그러다 눈에 튀면 안 되니까. 또한 남들이 걷지 않은 길을 가는 것은 위험하다는 생각에 남들이 이미 잘 닦아놓은 길만 걷게 된다. 그 길의 끝은 결국 '공허함'과 '허무함'만이 남는다는 걸 알고 있음에도 말이다. 그러다 문득 드는 생각. '나는 그동안 뭐 하고 살았을까?'

이런 상황에서 좋아하는 걸 하며 살겠다고 뛰어들면, 응원의 목소리뿐만 아니라 우려를 가장한 사기를 꺾는 목소리까지 다채롭게 들을 수 있다. 우리가 아무리 '불가능해 보이는 목표지만 나는 반드시 이루겠어!'라고 마음먹더라도 살다 보면 흔들릴 때가 올 것이다.

'이 길이 과연 맞는 길일까?'
'내가 정말 불가능해 보이는 목표를 이룰 수 있을까?'
'먹고사는 데 정말 문제가 없을까?'

사람은 보는 대로 믿고 듣는 대로 믿어버리는 경향이 있다. 살짝 휘청거리고 있는 와중에 주변에서 우려와 걱정이랍시고 "어떻게 좋아하는 것만 하며 사냐, 취미로만 하고 다시 회사 일에 집중해라."라는 말을 들으면 더 흔들리게 된다. 실제로 나 또한 다시 회사로 돌아갈까 생각하기도 했다. 그렇지만 난 내 자신을 알고 있었다. 회사로 돌아가는 순간 카드값과 숙취에 절어 살던 나로 되돌아갈 것이란 것을.

흔들리는 순간이 올 때마다 눈과 귀를 닫기로 했다. 그리고 정말 이 길을 끝까지 걸어갈 수 있는지 없는지 밤마다 나 자신에게 물어보았다. 긴가민가할 땐 항상 '일단 가보자'는 생각만 했다. 그리고 지금은 자신할 수 있다. 가슴 뛰는 목표를 이룰 수 있다는 믿음만 있으면 당신 또한 퇴근 시간만 바라보는 삶이 아닌, 좋아하는 일을 하며 돈까지 끌어당기는 삶을 살 수 있다.

'자기암시'의 중요성

그래서 우리에게 필요한 것은 '자기암시'다. '에이 그거 유사과학 아니냐'고 할지 모르겠다. 사실은 그렇지 않다. 자기암시란 내가 생각하는 대로 원하는 바를 이룰 수 있게 힘을 실어주는 역할을 한다. 실제로도 우리 뇌는 굳어지는 것이 아니라 경험에 의해 새롭게 변화했다(이를 뇌의 가소성이라 한다). 즉, '생각'을 통해 뇌를 훈련하면 얼마든지 변화할 수 있다는 이야기다.

자기암시가 중요한 이유는 '할 수 있다'는 '확신'을 심어주기 때문이다. 사실 좋아하는 것을 업으로 삼고 살다 보면 다양한 이유 때문에 흔들리곤 한다. 전날까진 분명 아무 문제 없이 괜찮다가 자고 일어나니까 갑자기 미래에 대한 걱정이 생기기도 하고, 기대했던 성과가 조금이라도 나오지 않으면 바로 불안에 떨기도 한다. 사람마다 성향이 달라서 누군가는 이럴 때일수록 더 이 악물고 전진하는 경우도 있다. 하지만 소심쟁이였던 나는 그렇게 밀고 나갈 수 있는 힘이 부족했다. 그런 날엔 좋아하던 게 미워지기도 했고, 다시 회사로 돌아갈까 하는 생각도 수없이 많이 했다. 혹시 모를 상황에 대비해 이력서까지 써놓기도 했다.

하지만 이럴 때마다 속는 셈 치고 아침에 눈뜨자마자 '할 수 있다'는 생각으로 하루를 시작했고, 바쁘게 하루를 살고서 침대에 누워 '할 수 있다'고 마음먹고 잠이 들었다. 그 확신 덕분에 한 걸음씩 더 나아갈 수 있었고, 남들이 뭐라고 한들 흔들리지 않고 묵묵히 나의 길을 걸어갈 수 있었다.

그러던 어느 날 나의 덕업일치 삶에 강한 '확신'을 불어넣어준 일이 터졌다.

호텔을 덕질하며 업으로 삼겠다고 선언한 이후 한창 호텔을 다니고 있었다. 어느 날 문득 우리나라 수도 서울에서 가장 좋은 1등 호텔은 어떨지 너무 궁금해졌다. 하지만 1박 투숙 비용이 100만 원이 넘었기에 쉽게 방문하기는 부담스러웠다. 여유로운 처지가 아니었기에 기회가 되면 꼭 가보겠단 생각만 했다. 하지만 여러 호텔을 다닐수록 점점 1등 호텔이 가고 싶어졌다. 대체 왜 1등인지, 저 돈을 주고 저곳을 왜 가는지 몹시 궁금했다. 그러다 '가보고 싶다'는 마음을 달리해 '가겠다'고 확신했다. 그리고 몇 달 뒤, 거짓말같이 그 호텔로부터 초대를 받았다. 그 호텔은 '반얀트리'였다.

자기암시는 소원을 비는 것과는 다르다. 소원은 대체적으로 '~하고 싶다', '~하게 해주세요'라고 말하지만 자기암시는 '~하겠다', '~달성한다'의 형태다. 즉, 목표가 뚜렷하다. 계속 이런 식으로 자기암시를 하게 되면 점차 확신이 생긴다. 내가 정말 이룰 수 있다는 확신. 그 확신은 우리의 행동에 바로 영향을 미친다. 목표를 이루기 위해 움직이게끔 도와준다. 그래서 <u>자기암시는 중요하다. 확신을 갖게 하고 행동하게 해준다.</u> 그렇기 때문에 자기암시를 할 때는 소원처럼 빌면 안 된다. 머릿속으로 내가 목표를 이뤘을 때의 모습을 상상하며 '~하겠다', '~한다' 식으로 생각해야 한다. '호텔을 세우겠다', '반얀트리에 가겠다'처럼 말이다.

'자기암시' 활용법

자기암시를 할 때 주의해야 할 것이 있다. 미래에 되고 싶은 모습을 상상하며 자기암시를 해보라고 하면 '나는 부자가 되겠다', '행복한 삶을 살겠다', '돈 걱정 안 하고 살겠다' 같은 식으로 자기암시를 하는 경우가 많다. 거듭 강조하지만 자기암시를 하는 이유는 우리가 여러 잡음 속에서 묵묵히 나만의 길을 걸어나갈 수 있는 '행동'을 유도하기 위해서다. 그렇기 때문에 자기암시만 하고 행동으로 옮기지 않는다면 그건 그저 '허황된 꿈'에 불과하다. 그래서 단순히 '부자가 되겠다', '행복한 삶을 살겠다'처럼 추상적이고 모호해선 안 된다. 자기암시는 구체적으로 해야 효과가 나타난다.

이를테면 나는 매일 아침저녁으로 이렇게 자기암시를 하곤 한다.

'호텔을 오픈하는 첫날, 소매를 두 번 정도 걷어 올린 셔츠와 청바지를 입고 내가 세운 호텔로 향한다. 그 호텔 앞엔 많은 사람들이 줄을 서 있고, 각종 매체들은 내게 호텔계의 일론 머스크라며 집중적인 관심을 표한다. 그렇게 첫 번째 호텔을 오픈하자마자 1년 치 예약이 끝나버리고, 두 번째 호텔 오픈을 준비한다. 그러면서 지금의 나처럼, 지금 이 책을 읽고 있는 당신처럼, 좋아하는 걸 하며 살고 싶은 사람들을 위해 교육 프로그램을 준비하며 선한 영향력을 행사하고 있다. 그렇게 몸집을 더 크게 키운다. 마침내 경제적 자유를 얻는다.'

어떤 모습일지 머릿속에 그림이 그려지지 않는가? 이게 핵심이다. 자기암시는 구체적으로 해야 한다. '**구체적**'이라는 것은 당신이 원하는 모습이 머릿속에 바로바로 그려진다는 뜻이다. 종합하면 자기암시는 '그림이 그려지게 구체적으로' 하는 것이다. 떨어지는 별을 바라보며 소원 빌듯이 하는 게 아니다.

자기암시는 아침저녁으로 하는 것이 좋다. 아침에 눈을 뜨자마자 기지개를 켜고 3분 정도만 자기암시를 짧게 한다. 머릿속으로 당신이 열망하는 당신의 모습을 그린다. 그러고 나면 그 목표를 이루기 위해 오늘 무엇을 해야 할지 정리가 된다. 자기암시를 아침에 하는 이유는 오늘 하루 내가 다른 길로 새지 않고 한 방향으로 나아가기 위해서다. 목표가 명확하면 자연스럽게 하루 24시간을 허비하지 않고 알차게 사용하게 된다. 그렇게 하루를 열심히 살고 난 다음, 잠들기 직전에 다시 한번 머릿속으로 그림을 그린다. 밤에 자기암시를 하고 나면 오늘 하루는 그 목표를 이루기 위해 잘 걸어왔는지 점검해본다. 잠시 목표에 어긋나는 행동을 했다면 다음 날은 그렇게 행동하지 않으면 된다. 이처럼 다가오는 날을 대비할 수 있게 된다.

앞서 언급했던 인터뷰 질문에 1초의 망설임도 없이 했던 나의 답변은 다음과 같다.

"무엇보다 중요한 것은 나 자신을 믿고 가는 것. 이거 하나뿐입니다."

이거 하나면 충분하다. '할 수 있다'는 믿음. 스스로에게 계속해서 확신을 심어주자. 우리는 기어코 이뤄낼 것이다. 머릿속에 영화배우 오드리 헵번의 명언이 스쳐 지나간다.

"Nothing is impossible. The word itself says I'm possible."
(불가능이란 없다. 그 단어 자체가 '나는 가능하다'고 말하기 때문이다.)

성공을 앞당기는 방법은 없을까

하루는 고민에 빠졌다. '덕업일치의 삶'은 좋아하는 것을 돈으로 바꾸는 능력이 있다는 것을 의미하는데, 나는 과연 내가 좋아하는 것으로 돈을 벌 수 있을까? 나는 단 한 번도 회사의 힘을 빌리지 않고 돈을 벌어본 경험이 없었다. 그래서 좋아하는 것을 어떻게 돈으로 바꿀 수 있는지, 그보다 앞서 어떻게 해야 돈을 벌 수 있을지에 대한 근본적인 생각에 잠겼다. 하지만 책상 앞에 계속 앉아 있는다고 답이 갑자기 떠오르는 것도 아닐 테니 오늘은 이만 자야겠다는 생각으로 침대에 누웠다. 하지만 잠이 오지 않아 오랜만에 넷플릭스를 켰다. 딱히 볼 게 없으면 회사 생활을 담은 드라마 〈미생〉을 보곤 한다. 과거의 회사 생활이 그리워서일까. 이유는 모르겠다.

드라마 〈미생〉의 주인공은 어릴 때부터 바둑을 두다 포기하고 대기업에 인턴 사원으로 입사하게 된다. 하지만 고졸이라는 타이틀 때문에 주변에선 그를 달갑게 보지 않았다. 우물쭈물하는 소심한 성격의 그는 하필 영업팀이다.

하루는 불같은 성격의 팀장님이 주인공에게 미션을 하나 던져 준다. 10만 원으로 뭐든 팔아 이윤을 남겨오라는 것이었다. 다 팔 때까지 회사에 들어올 생각도 하지 말라며 엄포를 놓았다. 주인공은 특별한 계획 없이 일단 사람들이 많은 지하철로 향해 양말과 속옷을 팔기로 한다. 한참을 망설이던 그는 힘겹게 입을 열어 사람들 앞에 서서 양말을 팔기 시작한다. 하지만 사람들의 반응은 냉담했다. 오기가 생긴 그는 더 열심히 팔아보려고 했으나 끝내 단 한 켤레도 팔 수 없었다.

바닥에 내동댕이쳐진 양말처럼 어깨가 축 처진 그는 지하철 밖으로 나온다. 그리고 그가 향한 곳은 다름 아닌 과거에 바둑을 배웠던 국기원. 그곳에 가서 오랜만에 만난 선생님과 이야기를 나누다 사실은 양말을 팔러 왔다고 이실직고한다. 하지만 선생님께선 "회사 팀장님도 이걸 바란 것은 아닐 것이다."라며 정중하게 거절한다.

지하철과 믿었던 국기원에서도 참패한 그는 모든 것을 포기한 채 회사로 들어가려 한다. 그러다 우연히 눈 앞에 보인 사우나. 때마침 직장인들이 사우나 안으로 들어가면서 이런 말을 한다. "아, 야근할 줄 알았으면 속옷이랑 양말을 집에서 챙겨 오는 건데."

그때 주인공은 눈이 커지며 소주 한 병을 원샷한다. 그리고 본격적으로 사우나 앞에서 양말과 속옷을 팔기 시작했다. 지하철에선 양말이 늘어나지 않고, 가격이 싸고, 재질이 어떤지를 이야기했지만 사우나 앞에선 "이틀 연속 같은 속옷 입으면 찝찝하지 않느냐.", "양말에서 냄새 안 나면 그냥 지나가서도 좋다."라며 다르게 홍보한다. 제품의 기능에 대한 이야기를 하지 않았음에도 순식간에 다 판매할 수 있었다. 내가 다 마음이 놓이는 순간이었다.

근데 잠깐만, 나도 그동안 무언가를 열심히 팔 생각만 했던 건 아닐까? '어떻게 팔까'에만 자꾸 집착하다 보니 답이 나오지 않는 건 아닐까? 그리고 깨달았다.

'팔려고 하지 말고 사게끔 만들어야 하는구나.'

고민은 해결되었다. 이 사실을 알고 나서 재미있는 일들이 벌어졌다. 호텔과 협업해 진행한 프로모션에서 24시간이 채 되지 않아 약 1천만 원의 매출을 찍었다. 또 24명을 모집하는 프로모션에는 1천 명이 몰린 적도 있다. 단순한 판매를 넘어서 여러 사람들을 끌어모으는 데 큰 공을 세울 수 있었다.

사게끔 만드는 방법

그래서 이 방법에 대해서 이야기를 하려고 한다. 이 방법을 알고 나면, 당신이 좋아하는 것을 더 빨리 돈으로 바꿀 수 있게 된다.

즉, 성공적인 덕업일치의 삶을 앞당길 수 있다. 실제로 나는 지금도 이 방법을 자주 사용하고 있다. 방법을 한 줄로 요약하면 다음과 같다. <mark>문제가 뭔지 파악하고, 콜드리딩을 활용해 공감을 불러일으켜 자극한 후, 상대의 고민들을 제거해, 곧바로 행동으로 옮기게 만든다.</mark> 여기서 핵심 포인트는 '문제', '공감', '고민 제거', '행동 촉구' 이렇게 네 가지로 축약할 수 있다.

〈미생〉의 주인공은 오프라인에서 물건을 판매했다. 그렇다면 그가 온라인에서 양말과 속옷을 판매한다면 어떨까? 위에서 제시한 방법을 적용해보자. 내가 나서서 팔려고 하지 않아도 상대방이 구매하고 싶게끔 만드는 방법이다.

[문제] : 상대방이 처한 상황과 문제를 파악하기 위해선 상대방을 이해해야 한다. 즉, 타깃이 어떤 문제를 안고 있는지 생각해야 한다는 것이다. 챕터 3에서 다뤘던 '콜드리딩'을 적용하면 상대방의 관심사를 단번에 파악하고 이해할 수 있다.

> 이럴 줄은 몰랐죠. 오늘 갑자기 밤 늦게까지 야근할 거란 것을. 진작 알았으면 갈아입을 속옷, 양말이라도 집에서 챙겨 왔을 텐데 말이죠.

야근을 하게 된 직장인으로 타깃을 잡는다. 그리고 이들이 갑작스럽게 야근을 하게 되어 집에 들어가지 못할 때 어떤 고민, 고충, 문제가 있을지 생각하는 것이다. 그 문제들을 건드림으로써 '어? 뭐지? 내 맘을 읽은 건가?'라는 상대의 반응을 이끌어낸다.

[공감] : 상대방과 친해져야 한다. 상대의 고충을 이해하고 있고, 나 또한 그런 적이 있었다는 것을 피력하는 게 핵심이다.

> 잠시 회사 밖으로 나와서 급하게 사려고 하면 그렇게 많이 보이던 속옷이나 양말은 어디로 숨었는지 찾기가 너무 힘듭니다. 설령 있다고 해도 아무거나 막 사기도 그렇죠. 심지어 돈도 좀 아깝습니다. 그렇다고 집에 있는 여분 속옷과 양말을 사무실에 놓기에도 괜히 민망합니다.

[고민 제거] : 상대방의 지갑을 열려면 구매 결정을 방해하는 고민들을 미리 없애줘야 한다.

> 직장인이었던 저도 이런 상황이 불편했습니다. 저처럼 야근이 불규칙적으로 잦은 분들에게 도움이 되는 속옷&양말 세트!
> 1. 입는 순간 '어? 갑자기 구매한 것치곤 퀄리티가 괜찮네?'라며 놀랄 겁니다. 가격이 저렴하다고 퀄리티까지 낮은 것은 이미 지난 얘기입니다. 지금 입고 계신 좋은 속옷과 촉감도 비슷할 겁니다.
> 2. 피부가 예민하신 분들도 자극이 심하지 않도록 안전 검증까지 모두 마친 제품입니다.
> 3. 사무실 책상 서랍에 슬쩍 가져다 놓아도 속옷&양말 세트인지 전혀 알 수 없게 패키지를 디자인했습니다. 직장 동료가 갑자기 내 자리로 와서 '이거 뭐냐'고 물어보는 민망한 상황이 절대 생길 수 없죠.
> 4. 제품과 서비스를 믿을 만한 증거 자료와 실제 사용자 후기 제시.

[행동 촉구] : '다음'이 아니라 '지금 바로' 구매하게끔 만들어야 한다. 이럴 땐 상황을 일부 제한하는 방법이 효과적이다. 시간 제한, 제품 수량 제한, 고객이 처한 상황 제한 등 여러 가지 방법이 있다.

> 1. 밤 늦게까지 야근하면 근처 사우나나 사내 수면실에서 잠을 청하게 될 텐데, 세면도구까지 없으면 다음 날 너무 찝찝하죠? 그래서 선착순 50분께만 한정하여 속옷&양말 세트에 세면도구 세트를 선물로 같이 드리고자 합니다. 이렇게 같이 드리는 경우는 이번이 마지막입니다.
> 2. 세상에, 이렇게 야근하는 사람이 많다니. 벌써 15개밖에 남지 않았습니다. 언제 또 야근할지 모르니 일단 챙겨두세요!

'선착순 한정 수량', '15개밖에 남지 않았다' 같은 문구로 제한을 걸어두는 것이다. 그리고 '언제 또 야근할지 모르니 일단 챙겨두라'는 문장을 활용해서 상대방의 상황을 제한한다. 상대에게서 '어차피 나중에 필요할 텐데 하나 사놓을까.'라는 반응을 이끌어내는 것이다. 그리고 이는 바로 구매로 이어진다.

과거의 나는 '팔기'에 급급했다. 제품의 기능이 어떻고, 사양은 어떻고, 항상 '나'의 관점에서 제품을 풀어내고 있었다. 물론 이 내용도 필요하지만 그보다 더 중요한 것이 있다. 사람들이 구매 결정을 내리게 만들기 위해선 '마음을 움직여야 한다는 것'. 팔려고 하기보단 사고 싶게 만드는 것. 이것이 핵심이었다.

나도 조력자를 만날 수 있을까

하루는 호텔을 방문하고 그곳에 대한 글을 쓰려고 하는데 아무리 자료 조사를 해도 내가 원하는 내용이 나오지 않았다. 그렇게 혼자 답답해하던 찰나, 운 좋게 호텔 관계자분을 만날 수 있게 되었다. 원래는 짧게 이야기하려 했지만 대화를 하다 보니 1시간이 지나 있었다. 그리고 난 그 1시간 동안 어디에서도 들을 수 없는 이야기를 들을 수 있었다.

이때 다시 한번 깨달았다. 책상 앞에 앉아서 호텔에 대해 분석하고 연구하는 것도 좋지만, 더 깊이 있는 내용들을 알기 위해선 현업에 계신 관계자분들을 자주 만나야겠구나. 이야말로 가파른 성장의 지름길이겠구나. 필드에서 활동하는 분들에게선 업계가 어떻게 돌아가고 있는지, 대외적으로 알려지진 않았지만 어떤 고충이 있는지 등을 전해 들을 수 있다. 그렇게 한번 관계를 맺고 나면 업계에 새로운 소식이나 정보가 있을 때 슬쩍 귀띔을 해주기도 한다. 책이나 인터넷에서는 찾을 수 없는 내용들이기에 너무나 귀한 정보다.

그런데 내가 현업에 계신 분들을 어떻게 해야 만날 수 있을까? 지난번이야 운이 좋아서 기회가 닿았지만 이제부턴 어떻게 해야 하지? 무작정 연락했다간 거절당할 것이 뻔했다. 그렇게 맨땅에 헤딩하듯 부딪쳐보고 나니 관계자들을 만나기 위해선 알아둬야 할 것이 있었다.

첫째, 나 자신이 준비되어 있지 않으면 필드에서도 나를 받아주지 않는다. 입장 바꿔 생각해보면 내가 누군지도 모르는데 그들이 나를 만나줄 이유가 없다. 내가 누군지 판단할 수 있게 앞서 이야기했던 사회적 증거를 마련해야 한다. 우리가 열심히 콘텐츠를 만들어 올리는 SNS가 우리의 대표적인 사회적 증거가 될 수 있다.

둘째, 요구하지 말자. 내가 정말 아무것도 모르던 시절, 호텔 관계자들을 만나고 싶단 생각에 호텔 측에 다이렉트 메시지를 보낸 적이 있었다. 하지만 메시지만 읽고 답변이 없거나 정중하게 거절을 당하곤 했다. 지금 생각해보면 다짜고짜 만나서 이야기를 나누고 싶다고 하니 호텔 측에선 당연히 거절할 수밖에 없었다. 그들 입장에선 누군지도 모르는 나를 위해 바쁜 시간을 쓸 이유가 없다. 만나달라고 요구하지 말자. 인지도가 쌓이지 않은 상태에선 백이면 백 돌아오는 건 거절뿐이다. 방식을 바꿔야 한다.

'안녕하세요. 호텔 콘텐츠를 전문으로 다루는 ○○○입니다. ○○호텔에 관해 글을 쓰려고 ○월 ○일에 방문할 예정입니다. 많은 사람들에게 전달할 정확한 내용을 담고자 하는데, 호텔 홈페이지나 다른 기사 자료들을 찾아봐도 깊이 있는 내용을 찾기가 어렵습니다. 아무렇게나 글을 쓰면 호텔 이미지에 누를 끼칠까 조심스럽습니다. 그래서 혹시 도움이 될 만한 이야기나 내용이 있을지 궁금합니다.'

그다음엔 어떻게 될까? 관계자를 잠깐이라도 만날 수 있는 기회를 잡거나, 텍스트로 된 참고 자료가 넘어오거나 둘 중 하나다. 뭐가 되었든 적어도 상세한 자료는 받아볼 수 있다. 아예 연락이 닿지 않는 것보단 이 방편이 훨씬 좋다. 어떤 경우엔 내 연락처를 물어보기도 한다. 그리고 연락처를 물어보는 곳들은 대개 직접 전화가 온다. 이런 식으로라도 관계자와 접촉할 수 있다면 그저 감사할 뿐이다. 어떤 방식이더라도 컨택 포인트(contact point)를 마련하는 편이 좋다.

'당신에게 무언가를 배우고 싶다'고 이야기하면 다소 부담스럽더라도 가능한 선에선 알려주고 싶어 할 것이다. 그러니 무작정 만나달라고 요구하는 것보단 배우고 싶다는 관점으로 접근하는 것도 좋은 전략이다.

적극적으로 교류하기

어느 날, 한 여행 인플루언서가 내게 링크가 포함된 인스타그램 메시지를 보냈다. 그 링크를 살펴보니 호텔 관련 이야기를 하는 모임이었다. 세상에 이런 모임이 있다는 것을 처음 알았다. 내가 이 모임에 한번 가보면 도움이 많이 될 것 같다며 보내준 것이었다. 과연 여기선 어떤 이야기가 오고 갈지 궁금해 바로 모임 신청을 했다.

그 모임을 이끄는 호스트는 전 세계 호텔을 다니며 취재하는 분이었다. 어쩌면 나보다 훨씬 더 큰 무대에서 활동하고 계신 선배나 다름없었다. 2주에 한 번씩, 총 세 차례 만남을 가지는 모임이었다. 호스트의 호텔 인사이트를 바탕으로 호텔이 어떻게 변화하고 있는지에 대해 정보를 공유하고 이야기하는 자리였다. 그리고 드디어 첫 번째 모임 날. 신선한 충격을 받았다. 그 자리에 약 10명의 사람들이 모여 있었다. 현직 호텔리어를 포함해서 마케터, 자영업자, 개발자 등 다양한 분야의 사람들이었다. 겹치는 분야가 전혀 없는 사람들이 '호텔' 하나 때문에 한자리에 모였다는 것 자체가 그저 신기할 따름이었다.

세 차례의 모임 동안 정말 다양한 호텔 이야기를 주고받을 수 있었다. 각자 몸담고 있는 분야에서 바라본 호텔 이야기를 나누다 보니, 생각지도 못했던 것을 새로 알게 되었다. 나만큼 호텔을 좋아하는 사람들이 있다는 사실에 놀랐고 그런 사람들과 함께한다는 생각에 힘이 나기도 했다. 이 모임 덕분에 '나는 혼자가 아니구나.'라는 생각을 하게 되었다.

이처럼 같은 분야를 좋아하는 사람들이 모여 있는 곳에 가보는 것도 훌륭한 방법이 될 수 있다. 혼자 묵묵히 걸어가는 것도 좋지만, 나와 같은 것을 좋아하는 사람들을 만나게 되면 더 큰 시너지를 낼 수 있다. 좋아하는 것이 같아도 각자 하는 일은 저마다 다르기 때문에 또 다른 인사이트를 얻기도 한다. 여러모로 긍정적인 에너지를 얻을 수 있다.

우리가 하는 모든 일은 사람으로 시작해서 사람으로 끝난다. 콘텐츠를 잘 만드는 것도 중요하지만 그 업계에 종사하고 있는 사람들 그리고 나와 같은 것을 좋아하는 사람들을 직접 만나보는 것도 좋다. 항상 겸손한 자세로 임하고, 그들에게 얻은 것이 있다면 감사함을 표하는 것도 잊지 말자.

내가 앞으로 가야 할 길은 어디일까

"인생은 B와 D 사이의 C이다."

　노벨 문학상 수상을 거부한 장 폴 사르트르의 명언이다. 인생은 'Birth'와 'Death' 사이의 'Choice'라는 것. 다시 말해, 인생은 태어날 때부터 죽을 때까지 선택의 연속이란 의미다. 매 순간 당신이 어떤 선택을 하느냐에 따라 당신의 인생이 결정된다. 우리가 좋아하는 것을 찾고, 콘텐츠도 꾸준하게 만들어 사람을 모으다 보면 어느 정도 좋아하는 것을 하며 사는 삶이 익숙해져 있을 것이다. 그리고 크고 작은 기회들이 반드시 생길 것이다.
　그때 올바른 선택을 내릴 수 있어야 한다. 수십만, 수백만 명의 사람들을 모은 대형 인플루언서들이 하루아침에 사라지는 경우를 종종 본 적이 있을 것이다. 공든 탑이 무너지는 것은 한순간이다. 단 한 번의 잘못된 선택 때문에 당신이 힘들게 고생하며 모아놓은 사람들을 놓칠 수 있다. 혹은 소중한 시간을 날릴 수도 있고, 엄한 곳에 돈을 쓰게 될 수도 있다. 그렇기 때문에 조금씩 몸집이 커지는 단계라면 '올바른 선택'을 내릴 수 있는 '눈'이 필요하다.

나에겐 이런 일이 있었다. 호텔을 돌아다니며 콘텐츠를 계속해서 올리다 보니 다양한 기회들이 생겼다. 그중 하나가 바로 호텔과 협업해 프로모션을 기획하는 것이었다. 첫 번째 프로모션은 앞서 언급했듯 24시간 만에 135박을 판매해 1천만 원이라는 매출을 찍었다. 이 프로모션이 성공할 수 있었던 이유는 호텔 측과 함께 어디서도 볼 수 없었던 프로모션을 기획했기 때문이다. 만약 둘 중 한 쪽이라도 '가이드'를 언급하며 틀 안에 끼워 맞추려고 했다면 재밌는 결과는 나오지 않았을 것이다.

이런 결과를 만들어내니 다음 프로모션 기획은 언제 하냐는 문의가 이어졌고 일주일 사이에 호텔 5곳에서 협업 제안이 들어왔다. 순간 생각이 많아졌다. 처음엔 한 달에 하나씩 프로모션을 기획해보는 것도 나쁘지 않겠다는 생각을 했다. 그럼 매달 또 다른 수익원이 생기는 것이기 때문이다. 선택해야 했다. 첫 번째 프로모션을 성공했으니 이 기세를 몰아 두 번째도 빠르게 기획할 것인지 아닌지. 단기적인 관점으로 봤을 땐 달콤한 제안들이었다. 설렜다. 더 큰 돈이 따라 들어오는 것인가 싶었다.

하지만 이럴 때일수록 냉정하게 지금 상황을 직시해야 한다. 제안 내용들을 꼼꼼히 살펴본다. 콜라보레이션이라곤 하지만 제약 조건이 많거나, 호텔 측 가이드대로만 진행해야 하는 경우가 많았다. 협업이라 쓰고 객실 판매 중개라 읽는 이벤트였다. 나의 SNS 채널엔 호텔을 사랑하는 사람들이 모여 있기 때문에 호텔 입장에선 나와의 협업을 반길 수밖에 없다. 그런데 내가 이렇게 객실 판매 중개로 수수료를 받는다고 한들, 나를 믿고 따라주는 팬분들이 얻는 것은 대체 무엇일까? 어디서도 볼 수 없는 혜택이나, 나를 통해서만 할 수 있는 경험들이 아니라면 크게 얻을 것이 없었다.

결국 나는 모든 호텔의 제안을 거절하기로 했다. 이런 선택을 내린 데는 세 가지 이유가 있다.

첫째, 난 객실 판매를 중개하기 위해 콘텐츠를 만들고 몸집을 키운 것이 아니다. 물론 여러 호텔들의 객실 판매를 중개한다면 돈은 더 많이 벌 수 있을 것이다. 하지만 내가 이 일을 왜 하는지 돌이켜보았다. 나는 호텔을 세우기 위해 호텔을 돌아다니고 그것을 토대로 콘텐츠를 만들어 사람을 모아왔다. 이 사람들은 나를 열렬히 지지하고 응원해주는 소중한 팬들이다. 아무것도 가진 게 없던 내가 지금 이렇게 책까지 쓸 수 있었던 것은 나를 꾸준하게 봐주는 팬들 덕분이기도 하다.

그렇기 때문에 첫 번째 원칙이 있다. 팬분들이 조금이라도 더 좋은 조건, 더 좋은 혜택으로 호텔을 즐겼으면 하는 것. 이것이 프로모션 기획의 핵심 목적이다. 그러나 단순히 돈만 보고 행동한다면 결과는 어떨까? 단기적인 관점에선 좋을 수 있지만, 멀리 바라보면 나의 브랜드 자체가 흔들리게 된다. 호텔을 세우겠다던 사람은 사라지고 그저 객실을 파는 사람으로 남는다. 물론 이게 나쁘다는 의미가 아니다. 다만 내가 이 활동을 시작하게 된 시작점을 살펴보면 이 방향이 옳다고는 할 수 없다.

지금까지 팬들이 기억하는 나의 모습은 직접 호텔을 방문해보고, 호텔을 세우려는 사람의 관점으로 어떤 점이 아쉬웠고 어떤 점이 인상 깊었는지 여과 없이 보여주는 사람이었다. 그렇기 때문에 나를 믿고 호텔을 예약하기도 하고, 내가 기획한 프로모션에 좋은 반응을 보여준 것이다. 그리고 결정적으로 사람들은 '일반적인 것을 하지 않는' 내 모습을 좋아했기에 색다른 기획을 선보일 수 없다면 하지 않는 것이 맞다고 판단했다. 게다가 매달 프로모션을 진행하면 희소성이 떨어질뿐더러 파급력 또한 서서히 사그라들 것이다. 장기적으로 바라본다면 이 방향은 여러모로 옳지 않았다.

둘째, 내가 하고 싶은 호텔과 협업을 해야 진정성 있는 기획이 나온다고 생각한다. 직접 경험을 해보고 나면 '이런 건 사람들이 정말 좋아하겠구나.'라고 생각이 드는 때가 있다. 보통 그런 때는 당장 나부터 다시 예약하고 싶은 곳을 만났을 때다. 나부터 '진심'이 담겨야 사람의 마음을 움직이는 기획이 탄생한다고 생각한다. 그런데 만약 내가 돈을 좇는 노선을 택해 호텔을 가리지 않고 객실 판매를 중개한다면 어떨까? 오랜 시간 동안 쌓아온 나에 대한 신뢰가 하루아침에 무너지게 될 것이다.

그래서 '팬들이 좋아하려면 나부터 좋아야 한다'가 나의 두 번째 원칙이다. 나부터 고개가 갸우뚱한 기획은 도저히 진행할 수 없었다. 그리고 성공시킬 자신 또한 없었다. 여러 호텔과 많이 진행하는 박리다매 노선 대신, 내가 선택한 길은 하나를 하더라도 제대로 임팩트 있게 가는 노선이다. 누군가는 이렇게 말할 수 있다. "자기 고집이 너무 강한 거 아니야? 돈은 언제 벌려고 그래."

다시 한번 말하지만, 사람이 돈을 쓰는 때는 상대방을 '믿을 수 있을 때'다. 그렇기 때문에 절대 '신뢰'를 놓쳐서는 안 된다. 신뢰를 쌓기 위해선 오랜 시간 피나는 노력을 해야 한다. 그러나 힘들게 쌓은 신뢰가 무너지는 데는 하루도 걸리지 않는다. 그래서 항상 기준을 '나'에서 '팬'으로 맞춘다. 그렇게 했을 때 어떤 기획을 하더라도 모두 다 좋은 결과를 낼 수 있다. 또한 확실하게 성공시킬 수 있는 방향만 고집하게 되면 자연스럽게 나의 포트폴리오도 매력적으로 구성된다. 이는 당연히 더 큰 기회를 불러와 결국은 더 많은 돈을 끌어들이게 된다. 평범하게 준비해서 1만 원짜리 100개를 팔 바엔 혼신의 힘을 다해 100만 원짜리 1개를 파는 데 집중하겠다.

셋째, 추후에 내 호텔을 세울 때 도움이 되는 경험이어야 한다. 지금 내가 하고 있는 이 모든 활동들은 한 방향을 가리키고 있다. 그건 바로 '호텔을 세우는 것'. 그렇기에 호텔과 협업을 하더라도, 미래의 내 호텔에서 해보고 싶은 것들을 미리 실험한다고 생각한다. 현재 나는 공간을 가지고 있지 않고, 호텔은 공간을 가지고 있으니 충분히 해볼 만한 테스트다. 그래서 항상 색다른 콘텐츠, 기존에 흔히 볼 수 없었던 프로모션을 고집한다. 그리고 대체로 이런 경우는 모두 성공적으로 마무리된다.

실제로 나의 두 번째 프로모션은 한옥 스테이와 함께 했다. 첫 번째 프로모션 땐 어디서도 볼 수 없었던 혜택을 바탕으로 객실 판매를 중개했다. 두 번째도 똑같이 판매 중개를 하고 싶진 않았다. 이미 한 번 도전해봤기에 예측 가능하고 뻔하기 때문이다. 한 건물 안에 여러 객실이 있는 호텔과는 달리 한옥 스테이는 독채이기 때문에 객실이 딱 1개뿐인 셈이다. 더 많은 사람들이 이곳을 경험하기엔 현실적인 한계도 있었다. 그래서 전략을 틀어야 했다. 때마침 한옥 스테이 대표님의 목표가 자신의 브랜드를 알리는 것이었고, 나의 목표는 숙박시설이 단순히 잠만 자는 곳이 아닌 재미난 일들이 벌어지는 곳이란 것을 증명하는 일이었다.

그래서 탄생한 프로모션. 매주 수요일 한옥의 문을 여는 이벤트를 진행했다. 총 4주간 진행되는 프로그램이다. 낮과 밤 시간에 운영하는 프로그램도 각각 다르다. 낮엔 스마트폰이나 대화를 하지 않으며 온전한 쉼을 느끼는 프로그램이고, 밤엔 프로그램을 신청한 사람들이 모여 특정 주제를 가지고 이야기를 나누는 이벤트다. 시간이 나서 쉬는 게 아닌 시간을 내서 쉬어야 하는 안타까운 현실, 그마저도 이것저것 알아봐야 하는 피곤함이 있다. 그래서 잠시라도 편히 쉬어갈 수 있게 모든 걸 준비해놓을 테니 한옥에서 온전한 쉼을 느껴보자는 취지였다.

1주 차부터 4주 차까지 모두 다른 프로그램으로 구성했다. 책을 읽기도 하고, 음악을 듣기도 하며, 영화를 보고, 글을 쓰기도 한다. 놀랍게도 1천여 명이 들어와서 100여 명이 신청을 했다. 그리고 그중 24분만 모셨다. 4주 동안 프로그램을 직접 운영하면서 사람들의 반응은 어떤지, 어떤 점에서 사람들이 '쉼'을 느끼는지 두 눈으로 확인할 수 있었다. 사람들은 만족했고 나의 실험은 성공적으로 마칠 수 있었다. 이 프로모션을 통해 나중에 내 호텔을 세울 때 투숙객들이 어떤 콘텐츠를 선호할지, 어떻게 운영해야 호텔을 숙박 그 이상의 공간으로 즐길 수 있을지 예습할 수 있었다. 다시 말해 내 호텔을 세울 때 어떤 도움이 되는지가 나의 마지막 선택 기준이자 원칙이다.

이렇듯 어떤 결정을 내리고 선택을 할 땐 '나만의 확고한 원칙과 기준'이 있어야 한다. 그리고 그 원칙과 기준을 끝까지 지켜야 한다. 그때 비로소 당신은 개인이 아닌 하나의 브랜드로 남게 된다. 불꽃놀이처럼 화려하게 터지고 사라지는 것이 아닌 끝없이 빛을 내는 별이 되어야 한다. 오래가는 것이 중요하다. 단 1명의 팬이 생겼다면 그 1명을 위해 최선을 다해야 한다. 이것이야말로 당신이 앞으로 가야 할 길이다. 오래가기 위해선 반드시 염두에 두고 있어야 한다.

최상의 커피만 만들겠다고 외치며 10년 넘게 그 원칙을 지킨 제임스 프리먼. 결국 세계적으로 사랑받는 커피 브랜드 블루보틀을 만들어냈다. 애플에서 퇴출당하고 다시 돌아온 스티브 잡스. 그는 'Think different'를 외치며 지지부진하던 애플을 다시 일으켜 세웠다. 그게 가능했던 이유는 'Think different' 하겠다는 원칙을 혁신적인 제품과 서비스로 보여줬기 때문이다.

정리하면, 브랜드가 오랫동안 사랑받기 위한 유일한 방법은 원칙을 지키는 것이다. 이 원칙은 당신 스스로에게 하는 약속이자, 당신을 믿고 따르는 팬과의 약속이다. 원칙을 지키기 위해서 당신은 더욱 올바른 선택 그리고 최선의 선택을 해야 한다. 그 선택들이 모여 당신과 나는 더 많은 사람들을 끌어모을 수 있게 되며, 마침내 가슴 뛰는 목표를 이루게 된다. 그렇게 우린 평생 좋아하는 일을 하며 먹고살 수 있게 되는 것이다.

지금 결정한 올바른 선택이, 당신의 찬란한 내일을 만든다는 것을 잊지 말자.

호텔 덕후의 덕질 이야기

지금의 반얀트리가
존재하기까지

　호텔을 덕질한 지 약 8개월 차에 들어섰을 때다. 서울권 호텔 중 유일하게 객실 안에 풀장이 있고, 스위트룸도 아닌 일반 객실 가격이 약 100만 원을 웃도는 호텔, 반얀트리의 초대를 받은 날이었다.

　객실에 들어가니 정말 말로만 듣던 풀장이 있었다. 기분 좋게 따뜻한 온도인 37도로 수온이 맞춰져 있었다. 몸을 담가본다. 그간 치열하게 사느라 긴장했던 몸과 마음이 한순간에 풀어지는 기분이다. 고개를 들어보니 창밖으로 보이는 남산타워. 그리고 창가에 놓여 있는 인센스 스틱. 인센스 스틱에 불을 붙여본다. 향만 맡았을 뿐인데 심신이 안정되는 듯하다. 더 놀라운 것은 샤워실에 스팀 기능이 있어서 객실 안에서 습식 사우나를 즐길 수 있다는 점이다.

이때의 나는 약 70곳이 넘는 호텔을 다니고 있었을 때였다. 하지만 그 어떤 호텔에서도 이 정도의 '릴렉스'를 느낄 순 없었다. 이 정도 휴식을 위해서는 차를 타고 적어도 1~2시간은 나가야 자연과 어우러진 '쉼'을 느낄 수 있었다. 하지만 이곳은 차를 타고 멀리 가지 않아도 되는 서울의 남산 중간 자락에 터를 잡았기에 접근성 측면에서도 뛰어났다.

대체 반얀트리는 왜 이렇게까지 하는 건지 궁금해졌다. 반얀트리 콘텐츠를 만들기 위해 한 달을 파고들었다.

반얀트리를 만든 호권핑 회장은 아버지의 갑작스러운 병으로 가업을 물려받게 되었다. 그 가업은 바로 신발 공장. 하지만 선진 기업들의 저가 경쟁을 견디지 못해 1년 만에 문을 닫게 된다. 여기에서 그는 좌절하지 않고 또 다른 사업에 뛰어든다. 석유 굴착기 사업이었다. 하지만 결과는 마찬가지였다. 계속되는 실패 속에서 그는 한 가지를 깨닫게 된다. 정말 '독보적인 기술력'이 있거나, '강력한 브랜드'가 없으면 살아남을 수 없다는 것을.

그러던 어느 날, 아내와 함께 푸켓으로 여행을 떠난다. 산책을 하던 도중 유독 바다가 푸른 곳을 발견하고 '하와이에 있는 호텔이나 리조트가 이곳에 들어서면 참 좋을 텐데.'라는 생각을 하게 된다. 때마침 그는 기존의 5성급 호텔들이 '호화'와 '럭셔리'만을 강조한 나머지, 시설은 너무 좋지만 막상 편안함은 주지 못한다는 것에 불만을 갖고 있던 터였다. 그래서 그는 그곳에 여행객들의 '지친 심신을 달래줄 수 있는 호텔'을 만들기로 결심한다.

그런데 하늘이 참 무심하게도, 그 땅은 알고 보니 과거 무분별한 탄광 개발로 오염된 곳이었고 오염 물질 때문에 그 지역의 바다가 유독 푸르게 보였던 것이었다. 하지만 그는 여기서 포기하지 않고 7천 그루의 나무를 심어가며 모두가 포기한 땅을 다시 살려내는 데 성공한다. 그리고 곧바로 그 땅 위에 호텔을 올린다.

지친 여행객들에게 쉼터를 제공하고 편안함을 주는 나무이자 '릴렉스'와 '생명'을 상징하는 반얀나무(Banyan Tree)의 이름을 본떠 1994년 '반얀트리 호텔'이 탄생하게 된다.

이때부터 그는 지독하게 '릴렉스'에 집착하게 된다. 호텔과 바다 사이에 다소 거리가 있었던 반얀트리. 투숙객들이 바다를 느끼며 휴식을 취하면 좋겠다고 생각한 호권핑 회장은 '객실 안에 풀장을 만들자'는 결론을 내렸고, 그렇게 반얀트리 호텔의 객실 안엔 풀장이 들어가게 되었다.

객실을 늘려가는 일반적인 호텔과 달리 반얀트리는 객실 수를 줄여버린다는 점도 재미있다. 지금의 반얀트리 서울의 자리는 원래 '타워호텔'이 있던 자리다. 타워호텔을 리모델링해 탄생한 반얀트리 서울은 객실 수를 218개에서 단 50개로 대폭 줄여버렸다. 이유는 간단하다. 인구 밀도를 최대한으로 낮춰 투숙객들이 온전한 '휴식'을 느끼게 만들고자 한 것이다.

이렇게 다른 것에 흔들리지 않고 집요하게 '릴렉스' 하나만 고집하고 우직하게 밀고 나간 결과, 지금의 반얀트리가 존재할 수 있었다. 성장하는 속도가 잠시 더디다는 이유로 원칙을 흔들려 했던 나 자신이 부끄럽게 느껴졌다. 반얀트리에서 하루 동안 머물며 마음을 추스리고 더욱 확신할 수 있었다. '내가 가진 원칙들' 그리고 '가슴 뛰는 목표'. 이 두 가지를 품에 안은 채 한 방향으로 꾸준히 밀어붙이는 것만이 유일한 방법이란 것을.

좋아하는 것을 하며 사는 삶이 말처럼 쉽지만은 않을 것이다. 당장 현실적인 문제들, 이를테면 경제적인 상황 혹은 주변 사람들의 시선이 마음에 걸릴 수도 있다. 그러나 나는 지금까지 살면서 단 한 번도 끈기 있게 무언가를 해본 적도 없었고, 주변의 상황에 쉽게 휘둘려 이리 갔다 저리 갔다 박쥐 같은 삶을 살아왔다. 뒤를 돌아보니 남은 것은 하나도 없었다. 두려웠다. 훗날 나이를 먹고 죽음의 문턱 앞에 섰을 때 과연 나는 '이번 삶은 훌륭했다'고 자신 있게 말할 수 있을까? 자신이 없었다.

덕업일치의 삶이 힘들 때도 있고, 내가 원하는 만큼 성과가 나오지 않아 포기하고 싶은 생각이 들 수도 있다. 그러나 '호텔을 세우겠다'는 목표와 '무조건 직접 가본다'는 첫 번째 원칙, '직접 가본 곳 아니면 글을 쓰지 않겠다'는 두 번째 원칙, '사람들에게 도움이 되는 콘텐츠를 만들겠다'는 세 번째 원칙, 이 세 가지 원칙을 고집해온 덕분에 나는 1년도 채 되지 않아 그동안 겪어볼 수 없었던 귀중한 경험을 하고 있다. 글을 쓰고, 사람들에게 가치를 전달하며, 호텔과 협업하고, 기업 스카우트 제안에 출간 제의까지 받을 줄은 누가 알았을까.

여러분들에게 꼭 당부하고 싶은 이야기가 있다. 이거 하나만큼은 반드시 약속했으면 한다. 우리는 금방 타들어가 팡 소리를 내며 화려하게 번쩍거리고 사라지는 '폭죽'이 아니라, 오랫동안 하늘 전체를 아름답게 비춰주는 '별'이 되었으면 한다. 우리가 좋아하는 것을 하며 오랫동안 살 수 있는 마지막 비결은 바로 '원칙을 끝까지 고수하는 것'이다. 그러니 우리 함께 고집스러워지자. 끝까지 밀고 나가자. 옳다고 생각하는 것에만 온 에너지를 쏟아붓자. 나 또한 여기서 멈추지 않을 것이다. 더 앞으로 달려나갈 것이다. 그러니 우리 함께 뛰어들어보자.

좋아하는 것을 하며 사는 삶.
내일부터가 아닌 지금부터 시작이다.

책을 아무리 많이 읽어도
내 삶이 드라마틱하게 바뀌지 않은 이유는
내가 책을 읽은 게 아닌 '본 것'이기 때문이다.
독서를 통해 삶을 바꾸고 싶으면
저자의 생각과 관점을 이해하고
내 삶에 적용하고 체득할 수 있어야 한다.

브랜드가 오랫동안 사랑받기 위한 유일한 방법은
원칙을 지키는 것이다.
이 원칙은 당신 스스로에게 하는 약속이자,
당신을 믿고 따르는 팬과의 약속이다.

체크아웃

난 오늘도 호텔에 체크인한다

절벽 끝에 서서 내가 하늘을 날 수 있을지 아니면 바닥에 곤두박질칠지는 일단 뛰어봐야 안다.

"좋아하는 걸 하려면 어떻게 해야 하나요?"

난 이에 대한 명쾌한 답을 찾고 있었다. 그 답을 찾고자 1년 동안 나의 인생을 걸고 실험해왔다. 결국 난 1년 만에 새로운 삶을 맞이할 수 있었고 다가올 미래가 기대되는 삶을 살고 있다. 아직 대단한 성공을 이룬 것도 아니다. 아직 꿈에 그리던 호텔을 세운 것도 아니다. 그러나 난 이제 '좋아하는 걸로 먹고살려면 어떻게 해야 하는지'에 대한 답을 깨달았다. 그리고 이 답은 어쩌면 정답이지 않을까 감히 생각해본다.

"일단 해야 한다."

안타깝게도 과거의 내가 그랬듯 생각만 하고 행동으로 옮기지 않으면 아무짝에도 쓸모가 없다. 이는 마치 책만 많이 읽는다고 삶이 달라지지 않고, 읽은 책을 나의 삶에 적용해야 삶이 달라진다는 말과 같다. 원리와 법칙을 잔뜩 알고 있다고 한들 몸으로 움직이지 않으면 변화는 일어나지 않는다. 생각은 이제 여기서 멈추자. 잘될지 안 될지는 해보기 전까진 알 수 없다. 뛰어들어야 한다.

인간의 삶이 무한대이고 영생할 수 있다면 우린 삶의 목표를 뚜렷하게 잡을 생각을 하지 않았을 것이다. 어차피 죽지 않는 불사의 몸인데 두려울 게 뭐가 있을까? 이성보단 본능에 가까운 삶을 살고 있었을 것이다. 우리가 삶을 '가치 있게' 살고 싶어 하는 이유는 우리가 살 수 있는 시간이 정해져 있기 때문이다.

길다면 길고 짧다면 짧은 인생. 여러분들의 나이는 저마다 다르겠지만 지난 시간들을 돌이켜보자. 눈코 뜰 새 없이 지나오지 않았던가. 앞으로는 더 빨라질 것이다. 그런데 지금 고민하고 있을 시간이 어디 있을까. 고민은 시간만 늦출 뿐이다.

나 또한 정말 호텔을 세울 수 있을지 없을지 모른다. 하지만 오늘도 난 여전히 호텔에 체크인한다. 이게 내가 해야 할 일이고, 이게 내가 호텔을 세우기 위해 할 수 있는 유일한 행동이기 때문이다.

사람마다 성향이 달라서 시작부터 "첨벙!" 소리가 날 정도로 물속 깊이 뛰어드는 사람이 있는 반면, 갑자기 물속에 뛰어들었다가 심장마비가 오면 어쩌지 하며 발만 먼저 담가보는 사람도 있다. 첨벙 뛰든 발만 살짝 넣었다 빼보든 그건 중요하지 않다. 중요한 건 일단 물이 내 피부에 닿았다는 것이고 '일단 시도했다는 것'이다.

한 번 사는 인생. 좋아하는 거 하며 먹고살고 싶다면, 기존의 삶을 체크아웃하고 나와 함께 새로운 삶에 체크인해보는 건 어떨까.

"일단 해야 한다."
이는 마치 책만 많이 읽는다고 삶이 달라지지 않고,
읽은 책을 나의 삶에 적용해야 삶이 달라진다는 말과 같다.
생각은 이제 여기서 멈추자.
잘될지 안 될지는 해보기 전까진 알 수 없다.
뛰어들어야 한다.

우리가 삶을 '가치 있게' 살고 싶어 하는 이유는
우리가 살 수 있는 시간이 정해져 있기 때문이다.
한 번 사는 인생.
기존의 삶을 체크아웃하고
나와 함께 새로운 삶에 체크인해보는 건 어떨까.

좋아하는 걸로 돈 버는 덕업일치 가이드북

발행일 2021년 08월 15일 (1판 1쇄)

지은이 체크인(정재형)

발행인 김윤환
출판 총괄 유진
책임 편집 이한나

발행처 (주)탈잉
신고 2020년 2월 11일 제2020-000036호
주소 서울특별시 강남구 테헤란로 625 6층
이메일 books@taling.me
팩스 02-6305-1607
홈페이지 www.taling.me
블로그 blog.naver.com/taling_me
페이스북 @taling.me | **인스타그램** @taling_official

ⓒ 체크인(정재형), 2021

ISBN 979-11-974316-3-0 (03320)

- 책값은 뒤표지에 있습니다.
- 잘못된 책은 구입하신 곳에서 바꾸어 드립니다.
- 이 책은 저작권법에 따라 보호받는 저작물이므로 무단 전재와 무단 복제를 금하며,
  이 책의 전부 또는 일부를 이용하려면 반드시 저작권자와 (주)탈잉의 서면 동의를 받아야 합니다.